»Die Zeit und die Zeit danach«

Christa Dericum

»*Die Zeit und die Zeit danach*«

Eine Spurensuche auf den Friedhöfen Berlins

Mit Fotografien von Isolde Ohlbaum

nicolai

Für Maryam und Mathias Khuen-Belasi

© 2003 Nicolaische Verlagsbuchhandlung GmbH, Berlin

Lektorat:	Diethelm Kaiser, Berlin
Gestaltung:	Pauline Schimmelpenninck, Berlin
Satz und Repro:	Mega-Satz-Service, Berlin
Druck (Bildteil):	Medialis, Berlin
Druck (Textteil) und Bindung:	Clausen & Bosse, Leck

ISBN 3-87584-659-1

© Der Titel dieses Buches ist ein Zitat aus Ingeborg Bachmanns *Lieder auf der Flucht* (Gesammelte Werke, 1978).
Mit freundlicher Genehmigung des Piper Verlags, München.

Vorwort: *Unwiederbringlich*

>»Die Liebe hat einen Triumph und der Tod hat einen,
>die Zeit und die Zeit danach.
>Wir haben keinen.
>
>Nur Sinken um uns von Gestirnen. Abglanz und Schweigen.
>Doch das Lied überm Staub danach
>wird uns übersteigen.«
>*Ingeborg Bachmann*

»Was zieht den fremden Besucher auf den Friedhof? Ist es das Schweigen, in das er unversehens gerät, Trauer, Erinnerung, das Gefühl der angehaltenen, festgestellten Zeit? Bedächtig geht er zwischen den Gräbern umher, besieht sich diesen Stein oder jenen, sucht nach Namen und Inschriften, Gleichaltrigen vielleicht, die schon aus dem Rennen sind. Ist es nicht eine heimliche Genugtuung, allein unter den Toten zu sein? Da liegen sie zu seinen Füßen, dicht beieinander, einer neben dem anderen, sorgsam aufgereiht, eine regungslose Gesellschaft. Er allein kommt und geht, wie es ihm gefällt, schlendert zwischen ihnen herum, gelassen und aufrecht, ein freier Gast.«

Ein freier Gast? Zunächst geneigt, dem Schreiber dieser Zeilen, Wolfgang Sofsky, Recht zu geben, wird der Schlenderer, der hier und da anhält und seine Betrachtungen anstellt, von einem Augenblick zum anderen aus seiner Unverbindlichkeit entlassen. Fragen springen ihn an, Namen stehen für Geschichten, die erfragt sein wollen, Symbole sprechen von Sinn und Hoffnung, die Grabmale, seien sie einzeln oder als Familiengräber angelegt, sind Mitteilungen an den Vorübergehenden der »Zeit danach«, der über die Toten und ihr Leben nachdenken kann. Unversehens gerät der Besucher in den Sog der Historie: Was ist mit diesem Friedhof? Seit wann gibt es ihn und warum hat er nicht mehr seine ursprüngliche Größe? Wer ist hier begraben und was bedeuten Steinplatten ohne Gräber und mit spärlichen Angaben? Wolfgang Sofsky hat in *Zeiten des Schreckens* seine Bestürzung über das Verschwinden der Toten in den Massengräbern des KZ-Friedhofs Ebensee im Salzkammergut beschrieben, wissend, dass dieser Friedhof, auf dem »keine Stelle geblieben, kein blanker Leichenstein«, keine Ausnahme ist. Die lange Dauer der aus den Gräbern sprechenden Geschichte wird von den zwölf Jahren Diktatur des Nationalsozialismus tief beschattet.

Zweihundertvierundsechzig Friedhöfe gibt es in Berlin. Auch diese große Stadt erschließt sich auf den Friedhöfen: Die beiden Philosophen Hegel und Fichte liegen auf Wunsch Hegels nebeneinander auf dem Dorotheenstädtischen Friedhof, Rahel Varnhagen und Henriette Herz, die im 19. Jahrhundert das geistige Leben der Stadt mitbestimmten und in ihren Salons die bedeutendsten Denker und Dichter zu Gast hatten, sind beide auf dem Friedhof am Mehringdamm beigesetzt, Rudi Dutschke und Professor Helmut Gollwitzer ruhen nahe beieinander auf dem kleinen Dorffriedhof Dahlem bei der Kirche, wo Mitglieder der »Bekennenden Kirche« sich in Opposition zu Hitler trafen. Beide waren aufrechte Streiter für eine klügere Welt.

Aus den Friedhöfen Berlins die Stadt und ihre Geschicke zu erzählen, das Gesehene mit Erforschtem zu verbinden und Leben und Tod – »Die Zeit« und »die Zeit danach« – zu erkunden, bedeutet langsames Wahrnehmen, eine Spurensuche, die immer wieder nach Ergänzung durch andere, oft sehr alte Quellen rief und nur auf wenigen Friedhöfen stattfinden konnte.

Wäre der Anfang der Menschheitsgeschichte anders verlaufen, gäbe es manche Frage nicht, denn: Im Paradies hätten die Menschen kein Grab gebraucht. Doch Adam und Eva wurden, wie die biblische Geschichte erzählt, für ihren Ungehorsam mit dem Verlust der Unsterblichkeit bestraft. Als Irdische hatten sie nun mit dem Tod zu rechnen, mit dem Ende des Lebens, dem Ende der Beweglichkeit der Glieder, der Empfindungen, der Regsamkeit von Geist und Seele und schließlich mit dem Verfall des Leibes, mit Verwesung und gänzlicher Auflösung in Staub.

Die Erde, die sie sich nach Gottes Geheiß untertan zu machen begannen, bot sich als Totenbett an, Staub zu Staub, wie man später sagte, Erde zu Erde, zurück in den Kreislauf der Natur. Doch auch die Luft, das Wasser, die Schlucht zwischen den Felsen betteten den Leichnam, den »Toten«, wie man in fast allen Kulturen den »gewesenen Menschen« nennt.

»Zum Tod fall dir nichts ein«, dichtete Ingeborg Bachmann und arbeitete dennoch in ständiger Überforderung ihrer Kräfte an Texten, die sie als *Todesartenprojekt* bezeichnete. Überall begegnete ihr der Tod, nicht nur im Krieg, der ihre Kindheit überschattete. Der Tod war anwesend in der Literatur der Nachkriegszeit, in der Sprache der Politik, in den Unschuldsbeteuerungen derer, die während der Zeit des Nationalsozialismus millionenfaches Morden tatenlos duldeten. Was sollte einem einfallen nach solchen »Ungeheuerlichkeiten«, wie Hannah Arendt das Geschehene dieser zwölf Jahre Diktatur nannte?

Und doch: An der Seite des Todes steht das Leben. »Der Tod ist Ursprung und Mitte der Kultur«, schreibt Jan Assmann in seiner großen Darstellung *Tod und Jenseits im Alten Ägypten*. Der Tod und das Bewusstsein der Endlichkeit gehören zum Leben, und auch die Hoffnung darauf, dass etwas bleibt von der gelebten Zeit, so wie die Toten in Erinnerung bleiben durch sichtbare Zeichen in Bild und Schrift, dass es nach der »Zeit« etwas gibt, eben »die Zeit danach«, in der die Lebenden für die Toten sorgen, ihnen würdige Ruhestätten richten, die der Nachwelt vielleicht etwas über das Leben und die Hoffnungen des Verstorbenen mitteilen.

In den altägyptischen Totentexten, in den Riten während der Grablegungen und in den Mythen und Glaubensvorstellungen entdeckt Jan Assmann Zeichen von Jenseitsglauben, die bis in unsere Moderne wirken. Manche Totentexte rühmen den Verstorbenen und benennen seine Glieder einzeln, wie wenn sie durch die Sprache wieder beseelt werden sollten. Sie geben »dem Toten seinen Körper als Eigentum zurück«, Glied für Glied, eine Art Einbalsamierung mit Worten. Der Verehrung liegt ein für alle verbindlicher Katalog von Tugenden zugrunde: »Das Denkmal eines Mannes ist seine Tugend«, heißt es, »der mit schlechtem Charakter aber wird vergessen.« Tugend und Gerechtigkeit bauen das Grab. Das Grab aber ist nur »der Außenhalt der Erinnerung, die sich an ein in Tugend und Gerechtigkeit geführtes Leben heftet«. Und diese Gerechtigkeit wird ewig sein; man wird darum des Toten ewig gedenken.

Das christliche Weltbild ist von den altägyptischen Vorstellungen weitgehend geprägt. Das Gericht am Ende der Zeiten, Belohnung und Strafe, je nach Verhalten, die Hoffnung, den Tod zu überwinden und zu neuem, ewigem Leben zu erwachen, finden sich hier wie dort. Das kulturelle Gedächtnis, von dem der französische Soziologe und Anthropologe Maurice Halbwachs einmal sagte, es könnte uns ein Stück Ewigkeit vermitteln, ist wie das Grab als Zwischenort nach dem Tod in die Obhut der Lebenden gegeben.

Die Toten haben ihren eigenen Ort, die Grabkammer, die Pyramide, das Mausoleum, die Grabstätte auf dem Friedhof. Sie behalten einen bleibenden Platz in der Welt der Lebenden. Besonderen Personen werden, soweit wir wissen, in allen Kulturen stattliche Denkmäler gewidmet, damit sie im Gedächtnis der Nachwelt bleiben. Das Gedächtnis, das man einem Menschen mit seinem Grabmal, dem Schmuck, der ungewöhnlichen Form, der auffallend schönen Figur oder dem schlichten, eindrucksvollen Stein macht, ist die irdische Bemühung um Unsterblichkeit und in gewisser Weise eine Antwort auf die Kontroverse über das

Fortleben nach dem Tode: Hier, unter uns Lebenden, in der »Zeit danach« *ist* der gewesene Mensch unsterblich.

Kaiser Augustus sorgte selbst für das Bild, das die Nachwelt von ihm haben sollte, indem er sich in Bauten dokumentierte und in Bildnissen darstellen ließ. Jedermann wusste, wie er aussah. Noch im Mittelalter strebten kleine und große Herrscher seinem Beispiel nach, »sich ein Gedächtnis zu machen«. So Kaiser Maximilian I., der sein Grabmal in Innsbruck zu Lebzeiten bauen ließ, aber statt dort im Gehäuse in der Wiener Neustadt ruht. »Ein wahrer Augustus«, lobte ein burgundischer Chronist seinen Herrn. Die ruhmsüchtigen Despoten der Neuzeit wissen, wo sie ihre Vorbilder finden.

Die Begräbnisriten, die Grabstätten, die Nachrufe und das Gedenken entsprechen dem sozialen Rang und Status des Verstorbenen und derer, die ihn ehren. Manch einer aber, der im Pantheon oder in der Walhalla seinen Ruhmesplatz hat, mag vor Gottes Thron erniedrigt, ein Unscheinbarer dagegen erhöht werden. Die Waagschalen auf mittelalterlichen Tafelbildern, mit denen der Erzengel Michael die Seelen auf Himmel oder Hölle prüft, sind Kernpunkt der christlichen Lehre und auch Stütze der Macht, welche die Institution Kirche während ihrer langen Geschichte ausgeübt hat.

Das Reich des Todes ist geheimnisvoll. Unwiederbringlich löscht er das irdische Leben aus. Auf den Friedhöfen finden wir Bilder des Glaubens, Zeichen des Lebens und der Hoffnung auf ein Weiterleben im Jenseits. Die meisten Religionen gehen davon aus. Der Totenkult, so unterschiedlich er im Einzelnen ist, stellt jeweils eine Art Versöhnung mit dem Unausweichlichen, dem Endgültigen dar, Abschied mit dem guten Trost bleibender Liebe und bleibender Verbindung. Der Friedhof wird zum Aufenthaltsort für beide, die Toten und die Lebenden. Sie, die Irdischen, die sich der Grabstätte als dem Schnittpunkt der stillstehenden und der fortlaufenden Zeit nähern, bringen dem Verstorbenen das einzige, das die Unvereinbarkeit aufhebt: Gedenken.

Manche Entdeckungen während der Wanderungen über die Friedhöfe sind wunderlich, und man fragt sich, was die Toten wohl miteinander reden könnten und was mit uns, und ob eine Stadt wie Berlin sich aus den Gräbern erzählt, die in ihr zu finden sind.

I *Rituale oder Das große Schweigen*

>»Es ist nämlich Sprache in jedem Fall nicht allein Mitteilung des Mitteilbaren, sondern zugleich Symbol des Nicht-Mitteilbaren.«
>*Walter Benjamin*

Die zum Begräbnis des alten Dubslav in Theodor Fontanes *Stechlin* kamen, verhielten sich korrekt nach den Regeln des Zeremoniells. Die Kutschen waren ordentlich auf dem Dorfplatz aufgestellt, nahe bei der Kirche. »Diese lag in hellem Sonnenschein da, sodass man deutlich die hohen, in die Feldsteinwand eingemauerten Grabsteine sah, die früher, vor der Restaurierung, im Kirchenschiff gelegen hatten. Efeu fehlte; nur Holunderbüsche, die zu grünen anfingen, und dazwischen Ebereschensträucher wuchsen um den Chor herum. Der Tote war auf dem mit Palmen und Lorbeer in eine grüne Halle umgewandelten Hausflur aufgebahrt.«

Trauergäste kamen aus Berlin angereist, die Nachbarn erschienen. Alle mit alten Namen und in der Beziehung untereinander treffend charakterisiert. Einer *in pontificalibus* mit vielen Orden und Medaillen, hochkragig in uraltem Frack der Edle Herr von Alten-Friesack, mit einem Ausdruck, als wolle er fragen: »Was wollt Ihr hier?«

Das Auftreten des eitlen Rechtsanwalts Katzenstein, der durch vielerlei Machenschaften versucht hatte, den alten Stechlin bei der Wahl zum Reichstagsabgeordneten der Grafschaft Ruppin auszustechen, wurde als Affront empfunden. In Anspielung auf die damals viel beachtete Komödie von Hermann Sudermann hörte man den Nachbarn Molchow mit halblauter Stimme zu Herrn von der Nonne sagen: »Sehen Sie, Nonne, das ist die ›Schmetterlingsschlacht‹, von der man jetzt jeden Tag in den Zeitungen liest.«

Nachdem Militärmusik erklungen und der Sarg von Stechliner Bauern in die Kirche und an die Gruft getragen worden war, wo die Herren sich versammelt hatten und alles Volk ruhig stand, hielt Pastor Lorenzen eine lange, feierliche Rede über die Vorzüge seines Freundes Stechlin, die mit den Worten begann: »Wer seinen Weg richtig wandelt, kommt zu seiner Ruhe in der Kammer ...« Und er endete: »... denn er hatte die Liebe. Nichts Menschliches war ihm fremd, weil er sich selbst als Mensch empfand und sich eigner menschlicher Schwäche jederzeit bewusst war ... Er war das Beste, was wir sein können, ein Mann und ein Kind. Er ist nun eingegangen in seines Vaters Wohnungen und wird da die Himmelsruhe haben, die der Segen aller Segen ist.«

Die aus dem Dorf Globsow hatten damals nicht für den alten Stechlin gestimmt. »He wir sowiet janz good«, sagten sie jetzt. Die kleine Agnes aber schluchzte, als sich der Deckel über dem Sarg schloss: »Nu is allens ut.« Die präziseste Aussage an diesem Tag und gewiss nicht das, was Fontane zum »Müllhaufen allgemeiner Redensarten« rechnen würde.

Allem lag eine jahrhundertealte Ordnung zugrunde, der Abschied im Haus, der Trauerzug den Weg hinan zur Kirche, die Trauerkleidung, Kränze, Palmwedel und Lorbeer, Musik und feierliches Zeremoniell. Die Stechline ruhen in ihrer Gruft vor dem Altar, die anderen draußen auf dem Kirchhof unter blumenbewachsener Erde. Die kleine Agnes, die am lautesten um den alten Stechlin weinte, schlich am Ende zwischen den Gräbern hin und her, wie wenn sie den Verstorbenen ihr Leid klagen und von ihnen Trost erhalten könnte.

»… ein Land der Lebenden und ein Land der Toten …«
Die Beziehungen zwischen Adel und Dorfbewohnern waren zu
Fontanes Zeit noch überschaubar, doch schon meldete sich eine
andere Zeit, die sich mit den neuen »Leichenhallen« in Berlin
ankündigte. Berlin war nicht weit entfernt, und die Friedhofsordnungen der Stadt sollten bald auch auf dem Land Geltung
bekommen.

Seit der Zeit der großen Epidemien in der frühen Neuzeit waren
die städtischen Friedhöfe von den Wohngebieten weg aufs freie
Land verlegt worden, außerhalb der Stadtmauern, auf den Hügel
oder jenseits des Flusses. Man ging zu Fuß zur Grabstätte, in langer Prozession, nach dem Requiem. In ganz Europa sahen die
Prozessionen ähnlich aus, ob die Friedhöfe auf der Höhe lagen
oder im Flachen. Schwarz die Trauerkleidung, mit schwarzen
Decken die Pferderücken bedeckt, die den Leichenwagen mit
dem Sarg zogen. *Pompe funèbre* mit Trauermusik und vielen
Kränzen und Blumen oder ein einfaches Begräbnis – jedesmal
begleiten die noch Lebenden den Toten auf »seinem letzten
Weg«.

Die Rituale fassen die Trauer ein wie einen Edelstein. Ungetrös-
tet verlässt dennoch manch einer den Friedhof, welcher Religion
er auch angehört. Gemeinsame Zeremonie, eingeübte Gesten,
festgelegte Gesänge und Gebete und die gesprochenen Gedenk-
worte geben den Anwesenden ein Gefühl von Zusammengehörigkeit. Das wiederholte Anrufen Gottes, die beschworene
»ewige Ruhe«, der erwartete »Friede«, die Erlösung von Schmerz
und Leidenschaften hat nicht Platz in der Seele dessen, der den
Verlust eines Menschen beklagt. Trauer lässt sich nicht mit abstrakten Tröstungen beschwichtigen. Wohl zwingen die Rituale
zu Contenance und Façon. Alle, die zum Begräbnis kommen,
machen dieselben Gesten, sprechen und singen dieselben Worte.
Das beherrschen die meisten so gut, dass Raum bleibt für eigene
Gedanken. Und die fragen nach dem Ort, an dem der Verstorbene sich befindet, nach Sterblichkeit und Unsterblichkeit und

ob es ein Wiedersehen gibt oder ob »allens ut« ist, wie Fontanes kleine Agnes vermutete.

Übermächtig weckt die Erinnerung den Wunsch, das vergangene Leben auf dem Grab sichtbar zu machen, ein Porträt, einen typischen Satz, wie Freunde der Marlene Dietrich ihn von ihr gehört und auf den Stein haben meißeln lassen: »Hier steh ich an den Marken meiner Tage.« Ein Stein zumindest sollte Symbol für das Gemeinte sein. Ein geflügelter Engel, der die Seele zum Himmel hinaufträgt, oder ein Wassertrog, damit die Vögel, die der Verschiedene so geliebt hat, bei ihm sind, oder ein hausähnliches Grab, das vor Dämonen schützt, eine Umfriedung, die Ruhe garantiert?

Zwei getrennte Welten, das Land der Lebenden und das Land der Toten. Die Brücke zwischen ihnen ist »Erinnerung«, wie Hamlet nach der Begegnung mit dem ermordeten Vater auf dem Friedhof sagt. Der König, dessen Leben vergangen ist, kehrt in die mitternächtliche Gegenwart zurück, als Geist, als »Wiedergänger«, wie seine Zeit die Toten nannte, die nicht Ruhe fanden im Grab und, so meinten Furchtsame, auf dem Friedhof oder in den Häusern ihrer Verwandten dem einen oder anderen erschienen mit einer Botschaft. »Rache« lautete bei Shakespeare diese Botschaft für den ahnungslosen Hamlet, dem dies zu einer Frage auf Leben und Tod wurde. Seine Gegenwart forderte die Erfüllung des Versprechens, damit Zukunft sein konnte und die Vergangenheit abgeschlossen.

Die Sprache der Toten in der Sprache der Lebenden

»Die Toten reden nicht!«, behauptet ein blinder Greis in Friedrich Hölderlins Tragödie *Der Tod des Empedokles*. Die Schatten der schon Gestorbenen empfangen den Sterbenden, der sich fürchtet. »Die Toten reden nicht« – welch ein Trost!

Reden sie denn nicht, die Schatten der Unterwelt? Haben nicht Dichter und Philosophen ihre Stimmen gehört, Klagen, Seufzer, Schreie, Schuldbekenntnisse? Und die beredten Gesichter mittelalterlicher Skulpturen und Gemälde, die Himmel und Hölle darstellen, ewige Seligkeit und ewige Verzweiflung? Reden sie nicht, wie Dante in der *Göttlichen Komödie* berichtet, erzählen sie nicht lange Geschichten von ihren Eltern und Kindern, von Verfehlungen und schlimmem Tun, das sie zu den Jähzornigen in den Fünften Kreis der Hölle bringt oder in den tiefsten, finstersten Ort, »vom Himmel, der das All umkreist, am weitesten entfernt«? Dantes dreiunddreißig Gesänge über das Paradies entwerfen grandiose Szenerien der Weltgeschichte mit den führenden Personen. Kaiser, Bischöfe, Ordensleute, Äbtissinnen, Magier aus älterer und neuerer Zeit, Philosophen und biblische Figuren erscheinen. Manchen wurde bestimmt, auf dem Mond zu leben, weil sie wankelmütig oder lügnerisch in ihrem Leben waren. Der Mond, *luna mendax,* irritierte die Menschen wegen seiner Wechsel von Zu- und Abnehmen. Unzuverlässig, einen Lügner nannte man ihn schon im Altertum und noch bis ins Spätmittelalter.

Die unendlichen Möglichkeiten, im Jenseits auf Berühmtheiten, auf Verwandte und Freunde, auf glückselige und betrübte, auf ewig verdammte oder leidende Menschen zu treffen, verwirren den Traumwandler. Angst, Hoffnung, Begierde, das Gefühl von Verlassenheit, Verzweiflung bringen ihm die Toten in Wort und Gebärde entgegen. Er versteht nicht alles Klagen, Zeigen und Reden sogleich; das Mitgeteilte bedrängt ihn, den unfreiwilligen Besucher, der zum Chronisten der Population von Himmel, Hölle und Fegefeuer wird, den kenntnisreichen Urahn Vergil als Führer zur Seite.

Dantes Tote aus langen Zeiten redeten. Sie sprachen zu ihm, und wie bei Shakespeare wird dieses »Sprechen aus dem Grab« dem auf der Erde Zurückbleibenden die Zunge gelöst haben. Das »Sprechen aus dem Grab« ereignet sich im imaginären Raum, in den Träumen, in der Fantasie des Dichters, in der Literatur.

Homer sprach vom »Schlaf«, in den die Verstorbenen fallen. Vergil dachte sich »ein Reich der Schatten«, eine Stätte »der schlummernden Nacht und des Todes«. Die Toten sind »entschlafen«, »haben uns verlassen«, sind »heimgekehrt zu den Vätern«, sie »sind nicht mehr«, sagen noch die Heutigen.

Um langen Abschied und den Verlust des Lebens geht es allemal. Trauernde weinen um das Unwiederbringliche. Das eingefasste, unverrückbare Grab dokumentiert die Endgültigkeit, der Stein mit Namen und Lebensdaten schließt alle Wiederkehr zur Erde aus. Wie anders als in seligen Gefilden, »in der Anschauung Gottes«, »erlöst« oder der »Auferstehung« nahe mögen wir uns den Verstorbenen vorstellen, der den »letzten Schlaf« schläft, in ewiger Ruhe, in Frieden.

Und doch: Welche Unsicherheit spricht aus den euphemistischen Redeweisen, wenn es in der Todesanzeige heißt, der Verstorbene ist »uns vorausgegangen«, »Gott, dem Herrn über Leben und Tod, hat es gefallen, ihn zu sich zu rufen in seine Herrlichkeit«. Nichts ist gesagt, als dass die Zurückbleibenden sich den Konventionen beugen, die Formen des Abschiednehmens und den Glaubenskanon achten und dabei an hoffnungsvolle Worte wie »Erlösung« oder »Heimkehr« denken, an »Trost« und auch an Wiederbegegnung.

Es gibt keine Alternative zur endgültigen Trennung von Lebenden und Toten. Selbst in Kulturen, die ihre Toten bei sich behalten, in der Wohnung, nahe beim Haus in der Luftwiege, verändert der Verlust eines Menschen das ganze Leben. Man könnte mit Hegel vom »unglücklichen Bewusstsein« ausgehen, das den Trauernden befällt und ihn zwischen dem ärmer gewordenen Diesseits und dem Jenseits, wo er die Seele des Verstorbenen hindenkt, pendeln lässt. Das Jenseits ist nicht »wirklich«, nicht unmittelbare sinnliche Gewissheit und darum nur etwas, »welches verschwunden« – ein »eigentlicher« Ausdruck des Philosophen, der vom »gespaltenen Bewusstsein« spricht und natürlich etwas anderes meint, einen vorläufigen Zustand auf dem dialektisch zu vollziehenden Weg zum »absoluten Geist«. Dennoch ist die Metapher für diesen Zwischenzustand des trauernden Gemüts treffend.

Hegel spricht auch von der »Wirklichkeit« des Grabes – eigentlich »das Grab seines Lebens« – in ihrer traurigen Unwirklichkeit. Es sei gegen die Natur der Wirklichkeit, der Unwirklichkeit »einen dauernden Besitz zu gewähren«. Denn nur die Einsicht, »dass das Grab seines wirklichen unwandelbaren Wesens nach keine Wirklichkeit hat«, dass das »verschwundene Leben« als verschwundenes begriffen werden muss, sollte es nicht das Leben selbst ins Grab ziehen, richtet den Menschen wieder auf.

Die Macht des Todes und die Zeit danach
In Zeiten des Krieges und der großen Epidemien, heißen sie Pest, Cholera, Typhus oder Diphtherie, wenn Hunderte und Tausende innerhalb kurzer Zeit sterben und die Friedhöfe sie nicht fassen, wird wohl niemand behaupten, er kenne den Tod nicht und mache sich keine Gedanken. Übermächtig beherrscht er das Leben, verbreitet Schrecken und Furcht. Man spricht über ihn und kann ihn nicht »lassen«. Von den Kanzeln rufen Prediger zur Buße auf für große und kleine Sünden. Sie beschwören die Zuhörer, Gottes Zorn zu beschwichtigen, denn nur als Strafe verstehen sie die Verbreitung des Elends. Jeder kann darin umkommen, ob Arm oder Reich, sorgsam behütet oder ohne Haus und Pflege.
Naturkatastrophen und Unfälle, Zusammenbrüche technischer Systeme, die das moderne Leben erleichtern und ertragen helfen sollten, Unglück und Krankheit bringen oft viele Menschen auf einmal zu Tode. Die Bestürzung der am Leben Gebliebenen, das Leid, die Fassungslosigkeit über das Plötzliche, Unerwartete, das dann »Schicksalsschlag« heißt, und die Frage nach dem »Warum« lassen alle ruhigen Gedankenkonstruktionen über den Sinn des Lebens und das »Sein« des Todes hinter sich. Er hat Macht über das Leben, der Tod. Zu allen Zeiten haben die Menschen versucht, sich wenigstens ein Bild von ihm zu machen, ihm ein Symbol oder gar eine Gestalt zu geben, von ihm zu erzählen. Bilder und Mythen bestimmen das Totengedenken bis heute.

II *Totentanz*

»O Welt, ich muss dich lassen,
ich fahr dahin mein Straßen ins ewig Vaterland.«
Anonym, Nürnberg 1555

»Wohlan, wohlan, ihr Herren und Knechte, springt herbei! Von jedem Geschlecht, wie jung, wie alt, wie schön oder hässlich ihr seid, ihr müsst alle in dieses Tanzhaus.« Der Tod, der Knochenmann, das schauerliche Gerippe, ruft jeden, fasst ihn an, kein Disputieren, Bitten, Flehen hilft, er lässt sich nicht erweichen. Der »Totentanz« beginnt, kennt keinen Aufschub.

Seuche, Tod und Teufel
Die große Pestepidemie des Jahres 1348 hatte es allen sichtbar gemacht: Der Tod, damals genannt »der Tote«, eine Person, so stellte man ihn sich vor, der Anführer des Reigens, nahm mit, wen er haben wollte, den Bischof wie den Wucherer, den Papst, den Räuber, den Bauern, den Bürger, den Bettler, den Edelmann und König und Kaiser, den Advokaten und den Diener. In ihrer Angst flüchteten die Menschen in die Kirchen, wo ihnen Lektionen erteilt wurden über Fegefeuer und Höllenpein, Gottes Zorn und die Hoffnung auf Gnade. Große Drachen habe er gesehen, berichtete ein Mönch, hoch wie die Kirche, breit wie das Rathaus. Schwefel und Feuer hätten sie gespien, wie der Leibhaftige. Die Sünden der Menschheit riefen den Teufel auf die Erde, hieß es. Ihn gelte es, durch Gebet, Gesang und fromme Übung auszu-

treiben. Der Tod aber, wie er jetzt auftrat, schien mit dem Teufel im Bunde.

Von China her kommend, so wurde vermutet, über Italien und die Alpen wanderte die Pest durch ganz Europa. Sie fand ihre Opfer in Florenz, in Paris, Nürnberg, Breslau und Berlin genauso wie in London. Etwa die Hälfte der Bevölkerung ging dahin. Aus Angst vor Ansteckung unterblieben normale Alltagsverrichtungen. Die Bauern brachten kein Getreide ein, ernteten keine Früchte, der Bäcker buk kein Brot, Handwerker ließen die Arbeit ruhen, es gab kein Holz, das Dach wurde nicht repariert, das Leinen nicht gewebt, das Eisen nicht geschmiedet. Man mied die Freunde und Nachbarn, saß untätig im Haus. Oder man ging hinaus zu den noch Gesunden, um mit ihnen die Tage und Nächte zu teilen in Fröhlichkeit, Gesang und Trunk und Spiel. Niemand hält Bedrückung und Not in gleichbleibender Trauer aus. Zu trauern aber hatte jeder.

Das Begräbnis der vielen Toten besorgten bezahlte Männer, die in Schutzmänteln und Schutzmasken – »Pestmasken« genannt – herumliefen, die Verstorbenen abholten und in die großen Gruben legten, die ausgehoben wurden, weil die Friedhöfe schon belegt waren. Hier hielten sich die Krankheitserreger, bereit zu immer neuen Attacken, bis die Ärzte den Kreislauf erkannten und die Bestattung der Toten außerhalb der Stadtmauern oder weit vom Dorf entfernt angeordnet wurde.

Verlassenheit

Der Tod, »der Tote«, »der Sensenmann« galt als Feind des Menschen. Woher kommt er? Und wohin bringt er die »armen Seelen«, die sich nicht selber helfen können, für die es keine Rückkehr gibt und die in der Vorstellung der auf der Erde Gebliebenen ängstlich auf das Urteil warten, das da lautet: Himmel oder Hölle oder vielleicht noch ein Dazwischen?

Vorstellungen von »Himmel« und »Hölle« haben seit uralten Zeiten ihren Ausdruck in Worten und Bildern gefunden. Zu Beginn des 14. Jahrhunderts erregte Dantes Beschreibung des Inferno in *La Divina Commedia* aufs neue die schrecklichsten Phantasien. Angst vor Strafe, Verfolgung und Tod, vor der Inquisition gegen Ketzer und Andersgläubige, vor Denunziation veränderten das tägliche Leben auf bedrohliche Weise. Man sah aufgerichtete Scheiterhaufen, auch in Gegenden, in denen es keine »Ketzer« gab. Vom nahenden Weltenende war die Rede. Der Tod schien jeden Flecken der Erde, auf dem Menschen leben, zu beherrschen. Das Gefühl absoluter Verlassenheit machte sich breit, denn nicht einmal die Priester wurden von der Seuche verschont.

Als auch die Totengräber ausblieben, regten sich bei vielen der noch Gesunden letzte Lebensgeister. Anbetung und Frömmigkeit verwandelten sich in Trotz. Zeitgenossen bemerkten eine allgemeine Verrohung der Sitten angesichts der Ungewissheit. Boccaccio berichtet von Gleichgültigkeit, Egoismus und unbändiger Lebenswut bis zum letzten Atemzug.

Aufenthaltsorte

Bilder vom Tod und dem Leben nach dem Tod schreckten die Furchtsamen. Überall nahmen die Künstler diese Themen auf. Schon früher hatten Darstellungen des Jüngsten Gerichts wie die Skulpturen des Gislebertus an der Kathedrale von Autun in Frankreich die »guten« Seelen in der Obhut der Engel gezeigt, die »bösen« aber werden von grässlichen Teufeln in den Abgrund der Hölle gezogen. Die Schreie der Verdammten hallen durch den Kirchenraum. In der Wallfahrtsbasilika von Vézelay nahebei legen sich, von hinten aus der Wand kommend, zwei große Hände auf den Mund eines der Gequälten. Kein Laut mehr, bis in alle Ewigkeit.

Der Tod als Verursacher des Unheils und des Lebensendes ängstigt die Zurückbleibenden. Was geschieht mit dem Menschen, wenn er zu Grabe getragen ist, wenn aller Abschied genommen, die Erde über ihn gebreitet oder die Steinplatte über ihn gewälzt ist? Das Vergängliche bleibt im Grab zurück, die Seele verlässt den

irdischen Ort und geht ins Totenreich? In den Himmel, in die
Hölle oder wohin sonst?

Ägyptische, griechische, jüdische und christliche Religionen
scheinen darin übereinzustimmen, dass zwischen Gerechten und
Ungerechten geschieden wird. Der Mensch hat eine Seele und
ein Weiterleben nach dem Tod. Davon gehen auch andere Religionen aus. Und schon in sehr frühen Zeiten der Menschheit
schlossen sich an diesen Glauben Vorstellungen von verschiedenen Aufenthaltsorten der Verstorbenen an, die Nähe der Götter,
das Paradies für die Guten, die Hölle für die Bösen. Das Grab war
ein Zwischenort, abgeschlossen und ohne das Sonnenlicht der
Welt.

Trotz der schlichten Erzählungen aus alter Zeit, dass die Seele im
Tod den Körper verlasse und nicht fassbar und nicht sichtbar sei,
bleibt auf den Bildern, die Lebende sich machten, der Mensch in
seiner Körperlichkeit zu sehen, oft in einer Ansammlung von
nackten Menschen, die von Engeln in den Himmel emporgeho-
ben werden oder von gehörnten Teufeln in die Hölle verschleppt.
Die Hoffnung auf Auferstehung spricht aus solchen Bildge-
schichten und die Erwartung der ewigen Seligkeit, von der die
Psalmen singen und die Theologen predigen. Hoffnung vielleicht
auch für die zu Höllenstrafe Verdammten.

Auf Blättern des Stuttgarter Psalters von 820 sitzen die der Hölle
Zugewiesenen eng zusammengedrängt in einer offenen Feuer-
wanne, mit furchtsamen Gesichtern. Jesus erscheint im Eilschritt,
die Arme weit ausgebreitet, als ob er Einhalt gebieten wollte.
»Höllenabstieg« nannten die Theologen diesen mehrere Jahrhunderte lang auf oft rührende Weise dargestellten Vorgang. Manche
fanden Trost darin, dass auch Jesus die Hölle mit allen Qualen
durchlebt hat.

Auf einem anderen Blatt desselben Psalters läuft quer durch die
Mitte des Bildes ein mit bunten Steinen verziertes Band. Darüber zieht sich eine hohe Mauer mit sechs Türmen hin, drei rund
und drei viereckig. Ein Mensch, in Seide gehüllt, klopft an das Tor

des mittleren Turms, während über die Mauerzinnen vier Männer schauen. Sie gehören zu den Glückseligen. Jeder hat einen Heiligenschein.

In der unteren Hälfte des Bildes abscheuliche Höllenvisionen. Fünf schwarze geflügelte Teufel schüren ihr Feuer in riesigen Ofenlöchern. Die Flammen schlagen nach oben in Behälter, wo gequälte Menschen eng beieinander sitzen, die großen ernsten Augen auf den Betrachter gerichtet. Bei Jesajas heißt es: »Denn der Wurm in ihnen wird nicht sterben, und das Feuer in ihnen wird nicht erlöschen.«

Die Freiheit der Seele
Von der Seelenstrafe hatte auch Plato gesprochen. Die Theologen des christlichen Mittelalters studierten die Werke dieses Philosophen wie ein Testament. Sie suchten Rettungswege aus der Not: Wer ein gottgefälliges Leben führt, kann der Fürsprache der Heiligen gewiss sein und der Seligkeit der Gerechten.

Die Hölle aber behielt ihre Schrecken wie der Tod selbst. Zwar versprach der »Höllenabstieg Jesu« auch Gerechtigkeit und Gnade für die dem Teufel überlassenen Seelen, doch die Theologie verabschiedete sich wieder von dieser Intervention, die den Erzählungen nach am Karsamstag stattgefunden haben soll, einen Tag nach seinem Tod. Als Himmelskönig konnte Jesus seine Gnade für die Verdammten auch vom Reich der Gerechten aus schenken.

Die auf Erden bestatteten ihre Lieben bei den Heiligtümern, in den Kirchen, oder sie richteten Friedhöfe ein und begruben ihre Toten in Leinen gewickelt, mit einem Schweißtuch versehen in kühler Erde. Nach altem Brauch deckte eine Steinplatte das Grab, zum Schutz gegen Tiere und Räuber.

Wie in alten Religionen erhielten auch viele verstorbene Christen des Mittelalters Grabbeigaben, Schmuck, kleine Gegenstände, Kultfiguren, Spielzeug, Briefe und Bilder. Man betete für sie und rief heilige Fürsprecher an, die die Seele begleiten sollten.

Die Kirchenväter des christlichen Abendlandes befassten sich mit dem Gang der Seelen in die Ewigkeit und mit dem Tod, der unabänderlichen Macht. Wie war ihr zu begegnen?

Theologen suchten Rat in den Schriften, denn es musste neue Hoffnung geben, die Melancholie zu vertreiben. Sie entdeckten, dass es, wenn die Gnade Gottes auch bis in die Hölle reicht, einen *dritten* Ort gibt, an dem die Verstorbenen sich von ihren Sünden reinigen können: *purgatorium*, das »Fegefeuer«.

Diese Aussicht veränderte die christliche Gesellschaft des Mittelalters. Plötzlich war der Himmel näher. Es gab Hoffnung. Das Leben wurde leichter, die Geschäfte liefen besser, manches schien erlaubt, was vorher verboten war, zumindest drohte nicht gleich die Strafe ewiger Hölle. Jetzt wagten sich Christen sogar an den Handel mit Geld, »Wucher« genannt, der ihnen bis dahin streng untersagt war. Der Tod aber warf dennoch große Schatten auf die neue Zuversicht.

»… eine große Persönlichkeit«

Der »schwarze Tod« – so hieß nicht nur die Pest, sondern wegen ihrer Furchtbarkeit jede Epidemie, die Cholera des 19. Jahrhunderts genauso wie Blattern oder Diphtherie –, der schwarze Tod war nicht zu vertreiben. Auf mittelalterlichen Bildtafeln erscheint er als schwarz gewandete Figur mit großen schwarzen Flügeln, die weit schwingen, eine lange Sense am Gürtel, in den Händen den gespannten Bogen, mit dem er Pfeile abschießt, wohl rasch hintereinander, denn man sieht mehrere davon gleichzeitig verschiedene tätige Menschen treffen. Manchmal sitzt der Pestbringer auf galoppierendem schwarzem Pferd. Oder, wie in einer Buchillustration zu Petrarcas Bericht, als »Triumphator«, eine nackte, dürre schwarze Gestalt, um deren rechtes Bein sich bis zur Hüfte eine Schlange windet, riesige flatternde schwarze Flügel wachsen aus dem Rücken. Der Tod steht, die langstielige Sense noch in der Hand, nach getaner Arbeit auf dem Leib einer weiß gekleideten Frauenleiche, die auf einem von drei schwarzen Pferden gezogenen Wagen weit vor der Stadt zu den vielen in einer Erdvertiefung aufgeschichteten Toten gebracht wird, ohne Sarg, das Gefährt eher eine Karre, auf den Wänden gemalte Medaillons als Wappen, darin Totenschädel zuhauf, eingerahmt von zwei wie Schwerter gekreuzten Beinknochen.

»Eine große Persönlichkeit der Geschichte von gestern« nannte der französische Historiker Bartolomé Bennassar in unseren Tagen die Pest, fremd, den Menschen feindlich, unfassbar und unbarmherzig. Auf manchen Darstellungen, wie in Boccaccios *Decamerone* von 1327, galoppiert sie als Frau mit wehendem Haar durch die Lüfte, die Sense in der Hand. Sie betäubt den Atem und nimmt das Leben mit sich fort. Andere stellen den Knochenmann vor städtischer Kulisse dar, wie er seine Opfer auf den Wagen lädt, Bischöfe, Handwerker, Frauen, Kinder, Kleriker und natürlich den Arzt. Alle konnte es treffen. Die Anrufungen des Himmels wurden verzagter, manchen schien es, selbst Gott wüsste keinen Ausweg aus dem Unglück.

Die Verzweiflung der Menschen blieb grenzenlos und lang andauernd. Keine Abhilfe in Sicht. Da brachte es Erleichterung, den Namen dessen zu nennen, der das Elend brachte: »der Tod«. Unglück, Krankheit und Sterben wurden einem »Jemand« zugeordnet, von dem man sich ein Bild machte. Diese Person Tod war hässlich, unbarmherzig, sie gehörte nicht in diese Welt und war doch immer anwesend. Das Betrachten der jämmerlich unmenschlichen Figur auf den Bildern half den Verstörten, mit der Angst zu leben. Sie hatten nun ein Gegenüber, eine Gestalt, die man zwar fürchten musste, aber doch identifizieren konnte. Die Hoffnung, diese Person möge vorübergehen und hier nicht anhalten, sie möge vielleicht schon vorübergegangen sein und das Grab wieder in weite Ferne rücken, tröstet ungemein.

Das Mittelalter war eine Zeit des Benennens. In *Erec et Enide* schreibt um 1160 der Dichter Chrétien de Troyes: »Was einmal einen Namen hat, ist nie mehr zurückzuholen.« Der »Tod«, »la mort«, »il morte«, betätigte sich auffällig zwischen den Menschen;

sie aber hielten ihn fest in Wort und Bild. Sie verfügten über sein Aussehen und über seine Bewegungen.

Schließlich wurde auch der Sterbende mit allen Zeichen der Vergänglichkeit dargestellt. Der Tod ging in ihn ein.

Danse macabre

Einprägsame, geradezu naturalistische Darstellungen von Sterbeszenen entstanden, und die Figur des Todes trat dem Betrachter der Bilder in immer schauerlicherer Gestalt entgegen, so abstoßend, dass der eigene, noch lebendige Leib als Triumph des Schönen empfunden werden konnte. Wie auf einer Theaterbühne führte der Tod auf den Bildern den Reigen derer an, die er aus dem Diesseits ins Jenseits führen will, einen Tanz, wie er bei Hoffesten beliebt war, schnell und voller Übermut und geziert zugleich.

»Totentanz« hieß das an Kirchenwände und in Bücher gemalte oder als lebendes Bild vorgeführte Szenario, *danse macabre*, eine getanzte Entführung, die dem Tod stets gelang. Manchmal milderten beigefügte Texte die Unerbittlichkeit der Forderung des Anführers; in jedem Fall aber schuf der Fries Distanz zum eigenen Schicksal, Mitgefühl mit dem, dessen Zeit abgelaufen war, vor allem aber eine neue Sicht auf den Gang der Welt, an deren Ende der Reiche und der Arme sich nackt und gleich, ohne Unterschiede in Rang und Kleidung, gegenüberstehen werden.

In dem andauernden Elend der immer wiederkehrenden Seuche, in Phasen auseinanderbrechender Ordnungen, als Misstrauen die Nachbarschaften zerstörte und die Fremden nicht durch die Tore der Städte kommen durften, suchte man schließlich nach Sündenböcken, denen die Schuld an den schlimmen Zuständen aufgeladen werden konnte. Andersdenkende, Andersgläubige wurden bezichtigt, das »Unglück« verursacht zu haben. So hieß es plötzlich, die Juden hätten die Brunnen vergiftet und dadurch die Pest verbreitet. Eine perfide Verleumdung. Sie führte zu maßlosen Pogromen, obwohl jeder sehen konnte, dass Juden genauso an der

Pest starben wie alle anderen. Auch sonst machte sich Unmut breit. Aufstände von Handwerkern in Breslau, in Köln, in Flandern und Florenz waren Ausdruck der allgemeinen Verunsicherung. Kaiser und Papst gaben dieser christlichen Welt des 14. und 15. Jahrhunderts keinen Halt mehr.

Alte Vorurteile, Sagen und Glaubensvorstellungen von der Wiederkehr der Toten gingen um, vom nächtlichen Tanz der Verstorbenen auf den Friedhöfen und an Wegkreuzen, weil sie keine Ruhe finden. Noch heute fürchten viele Menschen im Dunkeln den Gang an der Friedhofsmauer vorbei. Im 14. Jahrhundert hieß es, die auf den Gräbern tanzenden Toten ziehen die Lebenden in den Reigen hinein und mit sich in die Unterwelt.

Würzburger Bilderbogen

Der erste als »Totentanz« bekannte Bilderbogen fand sich in Würzburg. Der Tod ruft gebieterisch Vertreter der Stände einzeln auf, sich dem Reigen anzuschließen: Kaiser, Papst, Fronherr, Handwerker, Bettler, Frau und Kind folgen dem Ruf, eine lateinische Bußpredigt und Ermahnungen bekräftigen den Ernst der Szene. Zehn Jahre nach der Entstehung dieses Memento mori, 1360, predigten Dominikaner, ebenfalls in Würzburg, zu denselben Bildern auf Deutsch. Jetzt sind den abwehrenden Gesten der zum Tanz in den Tod Gezwungenen Dialoge hinzugefügt, Klagen der noch Lebenden und heftige Gegenreden der längst Verstorbenen, jämmerlich in ihrem Vergangensein. Wort und Bild ergänzen einander zu lebhaften Szenen.

Von Würzburg aus verbreitete sich die Idee des Totentanzes in bunten, ausdrucksstarken, oft theatralischen Ansichten in ganz Deutschland und in Frankreich, Italien bis nach Istrien, wo in der kleinen Dorfkirche von Hrastovlje einer der furchterregendschönsten und besterhaltenen mittelalterlichen Totentänze die krumme Längswand ziert. Gravitätisch schreiten die sonntäglich gekleideten Gestalten, während der knochendürre Gevatter Tod siegesgewiss daher hüpft. Der Pariser Totentanz dagegen, als Jean

Le Fèvres »Friedhofstanz« von 1375 überliefert, begründete eine längere Tradition, den Tod als Gehorsam heischende Person an den Gräbern anzusiedeln, wo die Verstorbenen sich fügen und ernst und geordnet folgen. Damit wird der Tod in einiger Distanz vom täglichen Leben vorgestellt, auf dem Friedhof eben, weit weg von den Häusern.

»Berliner Totentanz« in der Marienkirche
Die Botschaft des Totentanzes lautete überall: Jeder muss sterben, niemand weiß den Tag noch die Stunde, und: »Im Tod sind alle gleich.« Das war nicht anders in Berlin, einer Stadt, die sich schon früh ihrer besonderen Position an der Kreuzung aller wichtigen Handelsstraßen zwischen West und Ost und Nord und Süd bewusst war, die Märkte abhielt, mit Fellen aus Russland, Tuchen aus Flandern und Wein aus dem Rheinland handelte, den wechselnden Herrschaften Zugeständnisse abnötigte und dennoch, nach einem »Berliner Unwillen« genannten Aufstand gegen die Übergriffe des Kurfürsten auf die städtische Autonomie, klein beigeben musste. Die Bürger verloren städtische Privilegien und mussten dem Landesherrn Gehorsam schwören. Die Vereinigung mit Cölln war nichts mehr wert, denn dort hatte nur noch der Kurfürst das Sagen und baute an seiner Residenz.
Die Marienkirche in Berlin, die zweitälteste nach der Nikolaikirche, eine gotische Halle, groß mit mächtigem Torhaus der zweite Bau nach dem Brand von 1340, wurde den Gedemütigten zu einem wichtigen Ort, ein weithin sichtbares Symbol. Zwar wusste man, dass die Geistlichkeit kaum mehr als hilflose Ermahnungen, Schelte und das Eingeständnis gänzlicher Ohnmacht vor Seuche, Feuersbrunst und Niederlage vorzubringen hatte. Doch das Haus nahm alle auf.
Schließlich, einhundertsechsunddreißig Jahre nach dem ersten großen Sterben an der Pest, 1484/85, entstand auf den Wänden des Turmhauses der Kirche ein Totentanz-Fresko, man weiß nicht, von wem gemalt. Gebannt sah man auf diese Bilder. Der

Tod nahm Gestalt an, den dürren Leib kaum verdeckt von weißem Tuch. Am ausgestreckten Arm fest an der Hand der arme Mensch, verzagt das kleine Kind, widerstrebend der Kaiser, klagend die Mächtigen, Papst, Bischof, König, geduckt der Bauer, der Handwerker, der Priester, ergeben der Abt, insgesamt sechzehn Figuren, jeder vom Tod geleitet, Männer, mitten aus dem Leben zusammengeführt. Keiner entkommt, ein jeder »muss zum Tanzhaus«. Die kurzen Kommentare unter dem Wandgemälde lassen erkennen, dass je ein Vertreter der Stände von seinem Tod geführt wird, zur Eile getrieben und wissend, dass die Zeit des Lebens in diesem Augenblick vorbei ist, plötzlich, unerwartet und unwiederbringlich. So verschieden sie sind, repräsentieren die Dargestellten noch einmal, erkennbar an ihren Gewändern, die weltliche Hierarchie, die nichts mehr gilt.

Am Eckpfeiler, mitten in der Aufreihung der von links nach rechts zum Tanzhaus Geleiteten – der Tod jeweils voran, den Blick zurück auf den noch Zögernden –, Christus am Kreuz mit Maria und Johannes. Der Erlöser wurde womöglich später hinzugefügt, auch er dem Tod nicht entkommen. Immerhin entdeckt der Betrachter hier drei vertraute, Hoffnung gebende Gestalten, die Nähe Gottes, der zugleich der Weltenrichter ist.

Zu jedem Paar, Tod und Mann, ist die Zwiesprache, die sie halten, aufgeschrieben, Rede und Antwort, gedichtet nach Art der Mysterienspiele, gedacht als Ergänzung der Bilder für diejenigen, die lesen können, während die Bilder selbst, wie die so genannten Armenbibeln des Spätmittelalters, unmittelbar wirken sollten. Mit einem Blick den Tod neben jedem Einzelnen zu sehen, die Mächtigen schwach neben ihm, die Schwachen mit derselben fordernden Anmut an die Hand genommen, verhieß das nicht auch Gerechtigkeit?

Der Berliner Totentanz hat zumindest zwei bedeutende unmittelbare Vorgänger: den Gräbertanz, *danse macabre*, von 1424 auf dem Friedhof der Franziskaner »Aux Saints Innocents« in Paris und den Totentanz in einer Heidelberger Handschrift nach 1450, dessen Herkunft noch umstritten ist. Spätere Darstellungen von Totentänzen fanden vielleicht stärkeren Ausdruck für das der Welt Entrücktsein, das Morbide, für das Verwesen, das Schauerliche, Beängstigende des Sterbevorgangs. Hans Holbein, Albrecht Dürer hinterließen eindrucksvolle Totentänze, und auch in der Moderne gibt es sie, Signale der Mentalität ihrer jeweiligen Zeit. An Unmittelbarkeit, deftiger Nähe zur Wirklichkeit sind ihnen die frühen Exemplare überlegen. Die Botschaft »im Tod sind alle gleich« ließ Gleichheit auch vor dem Höchsten Richter vermuten, und die Mahnung zur Buße, die diese Botschaft für die Weiterlebenden ja auch enthielt, schien erträglich angesichts dieser Hoffnung.

Nachwirkung: Die Ordnung der Lebenden
Der noch atmende Mensch blieb stumm vor den Bildern, erschüttert, erbaut, aufgerichtet oder niedergedrückt. Religionskriege zogen an dem Fresko vorüber. Generationen von Katholischen, Evangelischen, Calvinisten und Zwinglianern blickten gebannt auf diese Prozession, die Ungleiche zu Gleichen machte und auch den Nichtchristen Wegweiser sein konnte, denn die angemahnten Tugenden entsprachen schon den Ideen der Humanisten. Der Philosoph Baruch Spinoza aus Amsterdam hat um die Mitte des 17. Jahrhunderts religiöse und ethische Gedankenstränge früherer Zeiten zusammengefasst: Der Tod gehört zur Natur, und in der Natur gibt es nichts, was ihren Gesetzen widerspricht. Alles hat seine Ordnung, und die Seele »ist selbst nur ein Teil der alles umfassenden Natur«. Es kommt auf die Erkenntnis der »Daseinsweisen« dieser ewigen und unendlichen Substanz an, die ein und dasselbe ist wie Gott: »Deus sive natura.« Gott zu lieben heißt nach Spinoza, ihn in den Dingen zu erkennen. Darin besteht das Heil und die Seligkeit.
Spinozas Vorfahren waren als portugiesische Juden vor der Verfolgung durch die Kirche nach Amsterdam geflohen. Seine Fragen an die eigene Religion brachten ihm andere Glaubens-

bekenntnisse nahe, vor allem solche, die dreißig Jahre lang als kriegführende Mächte aufgetreten waren. Die »geistige Liebe zu Gott« schien Spinoza der Kern *aller* Religionen zu sein. Der berühmte Moses Mendelssohn in Berlin hat später diesen Gedanken aufgegriffen und wie Herder, Lessing und andere Aufklärer weitergeführt.

Mit Blick auf den einzigartigen »Berliner Totentanz« scheinen solche Ideen alt und neu zugleich. Die Szenen haben in den Jahrhunderten, da es sie vollständig gab, gezeigt, dass die sozialen Unterschiede nichts gelten vor dem Tod und nicht vor Gott, ebenso wenig wie die geistigen. Sie führen Verhalten und die Windungen des Gewissens vor. Dieser Tanz lässt alle Kriege hinter sich.

Das gemeinsame Ganze

Die Marienkirche in Berlin wurde im letzten Weltkrieg schwer beschädigt. Der Totentanz ist noch in sorgsam gehegten Resten erhalten, geschützt durch eine Glasscheibe. Er war Jahrhunderte lang, besonders in schweren Zeiten, Gegenstand der Andacht in diesem Gotteshaus, in dem alte Grabstätten sind und wo die Erinnerung an dieses besondere Memento mori noch in den Bruchstücken fortlebt.

III *Umfriedeter Raum – Staatsfreier Raum:*
Frühe Kirchhöfe

»Es muss da etwas sein, das Gegenwart und Vergangenheit verbindet.«
Maurice Halbwachs

»Sonderbar schauerliche Neugier, die oft die Menschen antreibt, in die Gräber der Vergangenheit hinabzuschauen! Es geschieht dies zu außerordentlichen Perioden, nach Abschluss einer Zeit, oder kurz vor einer Katastrophe.«
In seinen Berichten über Deutschland aus dem Jahr 1834 fragt Heinrich Heine, warum sie das tun. Und sie tun es auf sehr unterschiedliche Weise. Die Franzosen, so seine Beobachtung, beugen sich über das Mittelalter als etwas sehr Köstliches, sie haben lustvollen Umgang mit ihren Toten, lieben Geschichten von Gespenstern und Fantasien von Gespenstertanz. Die Deutschen hingegen sehen bleich dabei aus. Grauenhaft sind ihre Gespenster, und das Mittelalter interessiert zu einem bestimmten Zweck, nämlich Gegenwärtiges als alt und ehrwürdig zu begründen und zu festigen, ihm eine Richtung vorzuschreiben.
Eine interessante Gegenüberstellung, die für Straßburg, Köln oder Münster zutreffen mochte. Doch Berlin war anders. Hier, wo Heine sich gern aufhielt und im Salon der Rahel Varnhagen mit dem Theologen und Philosophen Friedrich Schleiermacher die Welt in ihren Erscheinungsformen und Gegensätzen betrachtete, wo dann Schleiermacher »Reden über die Religion an die Gebildeten unter ihren Verächtern« in immer neuen Variationen

hielt, hier geriet manch fest gefügtes Denken in Bewegung. Das Wort »Toleranz« wirkte wie eine Zauberformel, durch die dem Geist Flügel wachsen konnten.

Man entdeckte den Reiz der Verschiedenheiten. An diesem groß geformten Ort Berlin hatten viele Mentalitäten mitgebaut. Alte Siedler, deren Herkunft unbekannt ist, Menschen der Bronzezeit und schließlich Germanen vom Volksstamm der Semnonen hinterließen erste Spuren. Die Völkerwanderung ging über das Gebiet hinweg, Slawen folgten und siedelten in Spandau und Köpenick. Vom 10. Jahrhundert an war Brandenburg christlich und in bischöflicher und kaiserlicher Obhut. Als »Altmark« am Rande des Reiches blieb es von großen Ereignissen verschont. Die Weltgeschichte machte sich erst im 12. Jahrhundert bemerkbar, in der Zeit der Kreuzzüge ins Heilige Land, als neue Ressourcen erschlossen werden mussten und der Kaiser den Askanier Albrecht den Bären zum Markgrafen der Nordmark ernannte und ihm den Auftrag erteilte, das Land bis zur Ostsee zu besiedeln. Er brachte seine Leute aus dem Harz mit. Sie waren an Rodungsarbeiten und Landwirtschaft gewöhnt. Viele andere kamen aus dem Westen des Reiches, wo es schon eng war und wo Kriege, Hungersnöte und Streit über die Religion Angst verbreiteten. Die Kreuzzüge verschlangen viel Geld, jahrelang blieben die Männer in der Ferne. Wer arm war, konnte nicht mitziehen ins gelobte Land. Das zurückbleibende Volk lebte im Elend.

Aufbruch nach Osten

Das 13. Jahrhundert sah ein unruhiges Europa. Religiöse Bewegungen wie die der Katharer in Südfrankreich hatten strenge päpstliche Inquisition zur Folge mit Ketzerprozessen, an deren Ende der Scheiterhaufen drohte. In ganz Westeuropa wurden »Irrgläubige« verfolgt. Flüchtlinge kamen aus Spanien, Südfrankreich und Holland über den Rhein. Viele zogen weit nach Deutschland hinein, wo etliche von ihnen angeworben wurden, um in Brandenburg Land urbar zu machen. Quer durch das

Reich zogen die Siedler nach Osten, auch Franken und Friesen. Sie brachten ihre Gewohnheiten, ihre Sprache und ihre Erfahrungen mit.

Zu beiden Seiten der Spree wurde gerodet und gebaut, Handel und Schifffahrt gediehen. Cölln und Berlin hießen die beiden wachsenden, aufstrebenden Orte, die im 13. Jahrhundert Stadtrechte erhielten und zu Beginn des 14. ein gemeinsames Rathaus errichteten.

Der Mühlendamm galt beiden als Zentrum, die umgrenzenden Stadtmauern, von denen im heutigen Nikolaiviertel noch ein Rest steht, boten Schutz. Kaufleute von auswärts entdeckten die beiden Städte als guten Handelsplatz. Sie brachten Waren und Nachrichten aus Hamburg, Rostock, Brügge, Venedig und der Welt dazwischen. Manche blieben auch für längere Zeit oder endgültig in dieser zukunftsträchtigen Gegend, Neubürger wie Handwerker, Baumeister und Beamte.

Die Nikolaikirche

Die Kirche im Nikolaiviertel ist die älteste der Stadt, erbaut um 1230 aus Feldsteinen, dem einfachsten und gebräuchlichsten Baumaterial des Mittelalters. Die schlichte erste Basilika wurde dem Heiligen Nikolaus geweiht, dem Schutzpatron der Schiffer und Kaufleute, die ihn anzurufen pflegten, ehe sie auf Fahrt gingen. Zu dieser Kirche gehörte ein Friedhof, der wahrscheinlich auch nach dem Neubau von 1470 noch belegt wurde, als die spätgotische Kirche mit drei Schiffen in Backsteinarchitektur die zu klein gewordene alte ersetzte.

Im Inneren sieht man zuerst die stattlichen Grabmale der Familien Krauth und Kötteritz aus dem 18. Jahrhundert. Der von Andreas Schlüter entworfene Epitaph für Daniel Männlich nahebei ist von klassischer Schönheit, zurückhaltend verziert.

Es gab einst mehrere große Grabmale in der Kirche. Während der Restaurierung der im Zweiten Weltkrieg durch Bomben stark beschädigten Kirche fand man einhundert Skelette und Knochen, die jetzt in einer glasbedeckten Vertiefung des Kirchenbodens zu sehen sind, möglicherweise an der ursprünglichen Stelle, wie das gekennzeichnete Umfeld nahe legt.

Reste des alten Friedhofs befinden sich außen am Chor. Er war »umfriedet«, das heißt, in seinem Umfang festgelegt, mit einem Zaun oder Gitter versehen und der Kirche zugeordnet. Niemand außer dem Kirchenvorstand hatte hier zu bestimmen, auch nicht die staatliche Obrigkeit. Der Respekt vor den Verstorbenen verlangt Ruhe und Frieden, hier wie auch in anderen Kulturen. Ein Friedhof gilt, juristisch gesehen, als »staatsfreier Raum«, auch wenn er an eine weltliche Gemeinde abgegeben wird.

An der Nikolaikirche fällt das Grab des Rechtsgelehrten Samuel Pufendorf auf, dessen Schrift von 1672 *Über das Natur- und Völkerrecht* großen Einfluss auf Jurisprudenz und Rechtsphilosophie seiner Zeit und nachfolgender Generationen hatte. Als Zeitgenosse von Leibniz, Descartes, Pascal und Newton lebte Pufendorf mit übergreifenden Ideen. Er verglich die Rechtsgewohnheiten der Völker und achtete deren Moralphilosophie als lehrreich für die eigene. Seine Naturrechtslehre war allen Fakultäten gleich nützlich. Pufendorf starb 1694.

Neben ihm ein Mann, dem er wahrscheinlich begegnet, aber wohl recht fern war: Philipp Jacob Spener. Er hatte fünfunddreißig Jahre lang seine pietistischen Hausversammlungen abgehalten, »Collegia pietatis«. Damit wandte er sich an das lesende Bürgertum. Der lutherische Theologe ermahnte zu ständiger Erneuerung und Vervollkommnung im täglichen Leben. Sein bedeutendstes Werk von 1675 trug den Titel *Pia Desideria oder herzliches Verlangen nach gottgefälliger Besserung der wahren evangelischen Kirche samt einigen dahin abzweckenden christlichen Vorschlägen.* Das Buch wurde zu einer Art Katechismus des protestantischen Pietismus, in dem Lutheraner wie Calvinisten sich wiederfanden und dem auch das Königshaus anhing. Friedrich Wilhelm I., der Soldatenkönig, war jeglicher Theorie über die Religion und das gottgefällige Verhalten abhold, duldete aber die Spener'schen Lehrsätze und Beobachtungen wie auch die pietistische Bewegung in seiner Universitätsstadt Halle, wo Speners Schüler August Hermann Francke mit seinen sozialen Stiftungen für Waisenkinder und Arme die Verbindung von Preußentum und Pietismus fest verankerte. Ein »tätiges« Christentum war gefordert, das auch auf die Wissenschaften einwirkte. Ähnliches versuchte Gottfried Wilhelm Leibniz in seine Naturkunde einzubeziehen.

Musik erklang von Anfang an in der Nikolaikirche. Paul Gerhardt, der Schöpfer großer Lieder, die in seinem Buch *Geistliche Andacht* gesammelt sind, war hier Geistlicher und Kantor. Offenbar hielt er sich streng an die lutherische Lehre, denn der große Kurfürst, der auf Ausgleich der Religionen bedacht war, enthob den eigenwilligen Theologen kurzerhand seines Amtes, zehn Jahre vor seinem Tod, 1666. »Befiehl du deine Wege«, sang er. Und wirklich, Gott blieb sein Hirte, nicht der Kurfürst.

Paul Gerhardt wurde nicht auf dem Nikolai-Kirchhof begraben, sondern im so genannten »Grauen Kloster« nebenan, das früher den Franziskanern gehörte. Dort, in der Klosterkirche, hatte auch der erste Bürgermeister der vereinigten Städte Berlin und Cölln, Conrad von Belitz, seine letzte Ruhestätte unter einer Grabplatte. Das Bildnis des erfolgreichen Handelsherrn von 1308 im Mönchsgewand zeigt einen noch jungen energischen Mann in der langen Haartracht seiner Zeit, mit Kinnbart und umgürtet mit dem Cingulum der Franziskaner.

Das Kloster erlitt starke Beschädigungen im Zweiten Weltkrieg. Vom Grab des ersten Berliner Bürgermeisters blieb nur die Platte unversehrt, die jetzt im Märkischen Museum aufgestellt ist.

Die beiden schlanken Türme der Nikolaikirche stehen nahe beieinander und überragen noch immer die meisten Häuser der Umgebung. Das ganze Viertel musste nach den Zerstörungen des Krieges restauriert werden, zuerst das Gotteshaus, danach konnten einige alte Gebäude wie das Ephraimpalais, das hohe Knoblauchhaus und auch das schmale Giebelhaus, in dem Gotthold

Ephraim Lessing seine *Minna von Barnhelm* schrieb, wiederhergestellt werden. Von anderen Häusern wurden Bauteile aus den Trümmern gerettet und aufbewahrt oder wiederverwendet. Die Erneuerung passte sich geschickt den spätmittelalterlichen und rokokohaften Formen der alten Ansichten an. Es zeigt sich aber in dieser Mischung von Alt, Neu-alt und Neu kein wirklicher Stil und, wie Berliner sagen, trotz aller Gemütlichkeit kein richtiges »Milljöh«.

Alter jüdischer Friedhof Spandau

Die Zitadelle Spandau entstand um die Mitte des 16. Jahrhunderts an der Stelle eines Wasserschlosses, das dem Kurfürsten von Brandenburg gehörte. Eine uneinnehmbare Festung sollte Berlin schützen, die Stadt, die durch ihren Handelsverkehr mit den Hansestädten, durch Verbindungen nach Russland, Italien, den Niederlanden und Schweden dem Kurfürstentum Reichtum und guten Ruf brachte. Dem großen rechteckigen Bau mit den vorgestellten Bastionen musste schon in der Vorbereitungsphase auf Anordnung des Kurfürsten Joachim II. ein kleiner jüdischer Friedhof weichen.

Einige wenige Grabsteine sind erhalten. Der älteste stammt aus dem 14. Jahrhundert und liegt jetzt auf dem Jüdischen Friedhof in Charlottenburg an der Heerstraße. Auch andere gelangten über Umwege dorthin. Die Zeichen sind undeutlich geworden, die Namen weiß niemand. Die Toten gehörten zu einer der jüdischen Gemeinden, die sich an der Havel niederließen. Es sollte noch mehr als einhundert Jahre dauern, bis Juden vom Großen Kurfürsten privilegiert und in Berlin wirklich sesshaft werden konnten.

Religion und Leben

Sesshaft zu werden, ein Haus und Boden unter den Füßen zu haben, in Frieden mit sich und den Nachbarn zu leben, das schien im Berlin des 17. und 18. Jahrhunderts möglich, wo der große jüdische Philosoph Moses Mendelssohn wirkte, der als maßvoll

und klug angesehen und geachtet war. Er hatte 1755 *Briefe über die Empfindungen* veröffentlicht, in denen er Überlegungen zu Religion und Leben, zum Tod und dem Sein danach, zur antiken Philosophie und ihren Lehren für die preußische Gegenwart anstellt. Gotthold Ephraim Lessing, mit dem Mendelssohn in inniger Freundschaft verbunden war, in ständigem Austausch von Ideen und Plänen, Zweifeln und Fragen, sah in dem jüdischen Philosophen einen zweiten Spinoza, einen Aufklärer und das Muster eines gebildeten Mannes. Mendelssohn hatte die Thora ins Deutsche übertragen, auch Stellen aus dem Talmud und aus Shakespeares Dramen. Lessing setzte ihm ein Denkmal in der Figur des Nathan. »Nathan der Weise« trägt mit seinem Ring ein Symbol für Toleranz, Versöhnung und Liebe.

Lessing kritisierte, dass am Hof Friedrichs II., zu dem er trotz mancher Bemühung keinen Zugang fand, fast ausschließlich französischer Stil gepflegt wurde. Er sah darin eine Verengung der Kultur. In seinen literarischen Kritiken und in Briefen an den Verleger Christoph Friedrich Nicolai, an Ewald von Kleist und vor allem an Moses Mendelssohn entwarf er die Vision einer unabhängigen, freien Intellektualität, zu deren Aufgaben auch gehörte, die Tendenzen der Zeit und die Machenschaften unredlicher Zeitgenossen klar zu formulieren. Natürlich wusste er, dass ihm selbst die Ruhe und Überlegenheit, die besonnene Sprache und die Weisheit des Freundes Moses Mendelssohn fehlten.

Der dritte im Bunde, Nicolai, war – nach einem Porträt von Friedrich August Tischbein zu urteilen – vital, weltoffen, anregend und zugleich fordernd. Er, Lessing und Mendelssohn sahen sich in den ersten Jahren ihrer Bekanntschaft beinahe täglich; sie wohnten alle drei in der Nähe der Nikolaikirche. Als Lessing seine Abhandlung mit dem Titel *Wie die Alten den Tod gebildet* veröffentlichte, standen beide ihm zur Seite, denn er erregte Aufsehen und Ärgernis mit seiner These, dass die so häufig auf Bildnissen und Grabmälern dargestellten kleinen geflügelten Knaben keineswegs Engel oder Amorfiguren sein könnten, wie bis dahin angenommen wurde. Vielmehr war in der alten Literatur, so bei Euripides, zu lesen, dass der Sterbende meistens allein gelassen wurde und »dass die Götter sich durch den Anblick eines Toten nicht verunreinigen durften«. So konnte in Gestalt dieser Knaben niemand anderer als der Tod anwesend sein. Als Tod auch daran zu erkennen, dass er eine umgedrehte erloschene Fackel in der Hand trägt. Nicht das Gerippe, wie es auf antiken Darstellungen und auch im Mittelalter den Betrachter anblickt, *ist* der Tod, so Lessing; dieser Knochenmann führe vielmehr vor Augen, wie das Leben des Menschen ende, nämlich im Verfall der äußeren Hülle. Das trifft alle, gut und böse. Doch der Geist, die Seele, der Hauch Gottes, das Wesen – für Mendelssohn, Lessing und Nicolai Gegenstand ihrer philosophisch-theologischen Überlegungen – darf dabei nicht in Vergessenheit geraten. Eine häufig anzutreffende Grabinschrift lautet: »Hier ruhet die Huelle/ Das Leben lebt im Herzen/ Der Geist schwebt im Licht.«

Es gibt auch die heitere Seite des Todes, räsoniert Lessing, die Vorstellung des Schlafes. Da ergeht sich der aufgeklärte Geist in angenehmen Gefilden. Nicht die von der Religion verhängten Strafen bestimmen dieses Bild des Todes, sondern die beiden Genien, Schlaf und Tod, wie sie auf alten Grabsteinen in Gestalt zweier Knaben mit umgestürzten Fackeln in den Händen zu sehen sind: der Tod als Bruder des Schlafes, so nennt ihn Plato.

Auch vom »Engel des Todes« geht die Rede. Und welcher Künstler wollte nicht lieber einen Engel statt ein Gerippe darstellen, fragt Lessing. »Nur die missverstandene Religion kann uns von dem Schönen entfernen, und es ist ein Beweis für die wahre, für die richtig verstandene wahre Religion, wenn sie uns überall auf das Schöne zurückbringt.«

Der Ästhetik der philosophischen Freunde waren im wirklichen Leben enge Grenzen gesetzt. Religionen und weltliche Obrigkeiten wachten über bildlichen und sprachlichen Ausdruck auch in Zeiten, als es keine offizielle Zensur gab. Das »Schöne« – was ist das?

Grabmale und Gedenkstätten auf den Friedhöfen stellen unterschiedliche Auffassungen nebeneinander, bescheiden, pompös, mit Figuren, Beigaben, Verzierungen, Bildnissen, die Trauer ausdrücken oder Liebe; Paare eng umschlungen beim Abschied oder in Erinnerung an glückliche Augenblicke. Daneben Säulen, schlichte Stelen, Mausoleen.

Jüdischer Friedhof an der Großen Hamburgischen Straße
Tiefe Ruhe vor Bildern und Assoziationen auf alten jüdischen Friedhöfen. Steine mit Zeichen, Namen, Daten. Der Friedhof an der Großen Hamburgischen Straße bestand seit 1672. Von hohen Bäumen beschattet, nahm er in einhundertundfünfzig Jahren fast dreitausend Verstorbene auf.
Moses Mendelssohn, der am 4. Januar 1784 starb, wurde hier begraben. Ein schlichter Stein erinnerte an den großen weisen Philosophen, der nicht nur in der Jüdischen Gemeinde verehrt wurde. »Von Moses bis Moses war keiner dem Moses gleich«, sagte man in Berlin. Die Akademie der Wissenschaften beschloss 1771, ihn in ihre Reihen aufzunehmen, was der König, Friedrich II., verhinderte, indem er den wegen seiner Schriften weithin Berühmten von der Liste strich. Mendelssohns Weisheit störte die berechenbare, taktische Disziplin barocker Anordnungen, mit denen es sich gut regieren und Krieg führen ließ. Ungekränkt nahm er das auf, zufrieden, dass die Akademie seine Arbeiten respektierte. Er hatte 1767 Aufsehen erregt mit einer Schrift *Phaedon oder über die Unsterblichkeit der Seele*, eine deutsche Übertragung von Rousseaus Gedanken über die Ungleichheit der Menschen war vorausgegangen. Metaphysische Wissenschaft, die Wurzeln der verschiedenen Religionen, die Unsterblichkeit der Seele, die Lehre vom Dasein Gottes, diese Fragen, die er mit Freunden aus den christlichen und der jüdischen Religion erörterte, bestimmten sein Leben. Er pflegte den Dialog, wie Plato ihn gelehrt hatte, eine weise Form, Uneinigkeiten zu begegnen. »Toleranz« hielt er für eine hohe und unentbehrliche Tugend.

Das Grab von Moses Mendelssohn war nahe der Knabenschule, die er gegründet hatte. Daneben wurde das jüdische Altersheim gebaut, das in der Zeit des Nationalsozialismus zum gefürchteten Haus wurde, weil die SS daraus eine Sammelstelle für jüdische Bewohner nicht nur des Viertels machte, zur Vorbereitung der Deportationen nach Theresienstadt oder Auschwitz.

Der Maler Daniel Chodowiecki, dessen Grab auf dem Französischen Friedhof ist, zeichnete den Arzt und Philosophen Marcus Herz am Grab des Freundes Mendelssohn. Herz hatte in Königsberg bei Kant studiert und führte in seinem Haus philosophische Gespräche mit den gelehrten Freunden, während seine Ehefrau Henriette Herz ebendort ihren literarischen Salon pflegte, den ersten dieser Art, berühmt weit über Berlin hinaus.

Auch Veitel Heine Ephraim liegt auf diesem Friedhof, der Münzpächter Friedrichs II., dem das Ephraimpalais an der Nikolaikirche gehörte, ein gebildeter, kluger Mann mit großem Einfluss auf die königlichen Beamten. Darin glich er dem anderen bedeutenden Bankier seiner Zeit, Daniel Itzig, auch er ein aufgeklärter, gebildeter Bürger, Mäzen und Wohltäter, dessen Grab wie auch das seines Sohnes, des Königlichen Hofbaurats Isaac Daniel Itzig, auf diesem Friedhof war.

»Toleranzstraße«

1827 wurde dieser »Ort des Friedens« geschlossen. Er war voll belegt. Von dem zunächst weiten Gelände hatte die Jüdische Gemeinde dem benachbarten Sophienkirchhof ein Stück abgegeben, weil dort für die Toten der Evangelischen Gemeinde kein Platz mehr war. »Toleranzstraße« nannte man ja auch die Hamburgische Straße. Denn das katholische Hedwigskrankenhaus siedelte sich ebenfalls auf einem Teilstück des alten Jüdischen Friedhofs an. Die drei Religionen blieben in idealem Miteinander, auch als es auf dem Jüdischen Friedhof keine Begräbnisse mehr gab. Das Totengedenken aller aber lebte fort, und die Umbettung der sterblichen Reste von Moses Mendelssohn in ein repräsentatives, von Gittern umgebenes Grab im 19. Jahrhundert zeigt die nachhaltige Fürsorge der Gemeinde.

Erst als SA-Stiefel im Frühjahr 1943 über die Gräber stiegen und mit der ganzen Übermacht brutaler Gewalt gegen diesen umfriedeten Hain und seine Toten die mörderische Ideologie des Nationalsozialismus demonstrierten, erst da wurde erkennbar, dass »Toleranz« kein allgemein gültiges Gut mehr war. Der Friedhof wurde vollständig zerstört, die Grabsteine zertrümmert, die Gräber zertrampelt, ein Symbol jüdischen Lebens in Berlin ausgelöscht. Auch das Grab des Moses Mendelssohn wurde verwüstet, 1943. An ihn erinnert die Tafel an der Friedhofsmauer.

»Staatsfreie Räume«?
Friedhöfe, Orte der Ruhe, des Friedens, frei von Weltgeschäften, von Habsucht und Streit, sind vor dem Gesetz »staatsfreie Räume«. Sie sind wehrlos gegen Ruhestörer, Vandalen oder Verbrecher. Der Staat aber, der solche Verwüstungen als Auslöschung des Andenkens an Verstorbene zulässt oder gar befiehlt, verletzt seine Pflicht zum Schutz des Volkes. Er verliert jegliches Vertrauen.

Kündigte nicht der siebte Engel aus der Offenbarung die Zeit an, die kommen wird, »alle zu verderben, die die Erde verderben«? Das Gedächtnis der Nachgeborenen darf die Toten nicht in solcher Vernichtung umkommen lassen. Neue Gedenksteine werden aufgestellt, Symbole für das vergangene Leben der hier Begrabenen und auch derer, die von hier aus deportiert wurden zu einem Ende ohne Grab. An diese Zehntausende, die ihrer Ermordung entgegengingen, erinnert die Gruppe von zwölf Bronzestatuen an der Stelle, wo ehedem das Altersheim stand, rührend hilflos, unbeweglich stehende magere Gestalten, erhobenen Hauptes und stumm.

Lessing betonte die Schrecken des Sterbens gegenüber dem Tod, der am Ende steht. Das gewaltsame, schmähliche, organisierte Sterben von Millionen wäre ihm, der nach einer adäquaten Spra-

che für *lethum* und *mors* suchte, unbenennbar gewesen. Da ging
es ihm ähnlich wie den »Alten«, von denen er berichtet und die
»den gewaltsamen Tod, für den es unserer Sprache an einem
besonderen Worte mangelt, als ein Gcrippe gebildet haben«.

Sophienkirchhof
Die Sophienkirche, von weitem mit ihrem barocken Turm lo-
ckend, ist ein Geschenk der Königin Sophie. Zweiundzwanzig
Jahre wurde daran gebaut, während das Zeughaus, die Charité,
die Erweiterung von Schloss Charlottenburg und die Friedrichstadt im Auftrag des Königs zügig emporwuchsen. Die Stifterin
erlebte die Einweihung ihrer Kirche, 1734, nicht mehr.
Vom Friedhof blieb nur wenig. Ein schattiger Platz unter Bäumen an der Seite gehörte schon seit mindestens 1900 den Kindern der Umgebung zum Spielen. Einzelne Grabsteine erinnern
an Menschen früherer Zeiten, einige waren weit über Berlin hinaus bekannt. Carl Friedrich Zelter, lesen wir, gestorben 1832, ein
Freund von Friedrich Nicolai, dessen Haus er umgebaut hat,
Maurer, der er zuerst war, dann königlicher Baumeister, Komponist und ein kritischer Kopf, der Goethes Vertrauter wurde. Kaum
eine Frage, zu der Zelter nicht etwas zu sagen hatte.
Bedeutendes zu sagen hatte auch der Historiker Leopold von
Ranke, seit 1825 Professor an der Universität Berlin. Er suchte
den »Geist« der Staaten, die er für »Manifestationen Gottes« hielt,
Individualitäten also, zu Großem berufen. Der Gang der Weltgeschichte hing in seiner Vorstellung von den miteinander han-
delnden Mächten ab. Mit ausladender Geste spannte Ranke den
Bogen seiner Geschichtserzählung, angeregt und bezaubert von
den Romanen des Sir Walter Scott, dessen Darstellung des
Mittelalters er allerdings nur so lange bewunderte, wie er nicht
selbst erzählende Quellen der so lange vergangenen Zeit las. Die
Entdeckung, dass etwa die Epoche vor der Reformation nach
den Chroniken und Memoiren der Zeit viel spannender war als
in Scotts Phantasien, erheiterte ihn. Seine eigene Geschichte der

Reformation, Bücher über das Papsttum, die französische, die englische, die preußische Geschichte, große Panoramen von Ereignissen, Zuständen und Entwürfen, »wie es eigentlich gewesen«, begeisterten das Publikum. Ranke galt als der größte Historiker seiner Zeit.

Von der revolutionären Unruhe seiner Zeit war er nicht erfasst. Er stellte sich nie auf Barrikaden wie 1849 Richard Wagner in Dresden. Keine seiner Schriften fiel der Zensur auf, geschweige denn zum Opfer wie Georg Gottfried Gervinus' *Einleitung in die Geschichte des 19. Jahrhunderts*, deretwegen der Kollege von der Universität Heidelberg verwiesen wurde und zwei Monate im Gefängnis saß. Gervinus wollte »das erschütterte Vertrauen der Menschen auf unsere Zukunft wieder befestigen«; Ranke dagegen fürchtete soziale Bewegungen wie im Bauernkrieg, in der Französischen Revolution oder 1848 und verteidigte die herkömmliche Ordnung. Er war streng konservativ. Im Salon der Rahel Varnhagen oder der Bettina von Arnim traf er Friedrich Gentz und Heinrich Heine. Der hatte nur Spott für den Propheten einer Weltgeschichte, der in beständiger Abgeklärtheit von der »Tiefe der Nation« gesunden Menschenverstand erwartete, »prosaisch, bürgerlich, niedrig, wie er ist, aber durch und durch wahr in der Anerkennung der ›großen Mächte‹«.

Staaten sind nach Auffassung Rankes Institutionen mit universalem Auftrag. Weder politischer Leidenschaft noch Bismarcks »gewaltiger Kraft« redete er das Wort, sondern den vermeintlich »reinen Ideen«. Das war eine Botschaft, die viel weiter wirkte, als der Gelehrte annehmen konnte. Er galt als Garant des Überkommenen. Ganz Berlin trauert um ihn, hieß es, als er 1886 starb. Eine lange Prozession begleitete ihn zur letzten Ruhestätte auf dem Sophienkirchhof.

Zwei ältere Grabmale fallen auf: eine in die Wand der Kirche eingelassene Tafel für Carl Wilhelm Ramler, der ein geschätzter Poet und Gelegenheitsdichter war. Er schrieb eine sehr bekannt gewordene Hymne auf Moses Mendelssohn. Und dicht daneben ein barockes Grabmal, wegen seines Alters eingegittert und nicht genau erkennbar in seinen Einzelheiten. Friedrich Johann Koepjohann steht darauf geschrieben. Er hat die Sophiengemeinde von Anfang an unterstützt, war offenbar wohlhabend, ein Schiffsbauer, der an der Spree lebte.

»Er diente dem königlichen Hause einundsiebzig Jahre«, heißt es von Johann August Buchholtz. Der Name scheint dem Charakter und dem Amt des Mannes zu entsprechen, denn er war ein gestrenger Tresorier und Hofstaatsrentmeister Friedrichs des Großen, der ihm seine Finanzen anvertraute: »Buchholtz hat kein Geld dazu«, schrieb der König auf das Gesuch, als es um die Reparatur der Langen Brücke ging, oder er sagte einfach »Nein« und auf weitere Einwände: »Da kennen Sie Buchholtzen schlecht!« Nichts zu machen also. Geschickt den Beamten eingesetzt, seine Fähigkeiten anerkannt und sich hinter seiner Entscheidung versteckt. Rankes Vorstellung von der »Institution Staat« hat funktioniert.

Gräber von Kriegsopfern aus dem Frühjahr 1945 säumen den Weg zum Ausgang dieses Friedhofs. Überwachsen zum Teil, Blumensträußchen auf manch einem Grab, kleine Steine oder einfach Gras. Menschen, die in Berlin lebten, als die Stadt umkämpft war, vielleicht in einem der Luftschutzkeller in der Nähe der Sophienkirche umgekommen. Ohne Namen.

Friedhof des Armenhauses

Ohne Namen sind auch manche Gräber und Steine der Toten aus dem ehemaligen Armenhaus, das am Koppenplatz stand, wo die Hamburgische Straße mündet, ein wirklich armes Haus. Der Stadthauptmann und Rat Christian Koppe hatte es um 1704 gestiftet, auch einen Friedhof mit einem Stück Land hinter dem Haus für solche, deren Angehörige »nicht die schweren Abgaben anderer Kirchhöfe opfern konnten oder wollten«. Sogar für die Selbstmörder, die auf den Friedhöfen bis ins 20. Jahrhundert keinen Ruheplatz fanden, sondern »unter der Hecke verscharrt«, zumindest aber nicht der Menschenwürde entsprechend begraben wurden, fand sich eine Ecke, Ruhe auch für die Verzweifelten. Sonst aber waren auf diesem Friedhof alles »traurige Gräber«, wie Karl Gutzkow feststellt, »alle namenlos, ohne Kreuze, ohne den Schatten eines Baumes, ohne den Schmuck einer Blume«.

»Das Haus war ganz und gar ärmlich, nur ein kleiner Turm auf dem Dach hatte etwas Erheiterndes. Die Nachbarn nannten deshalb die ganze Anstalt ›das Türmchen‹.« Koppe selbst scheint nicht im Haus gewohnt zu haben, wo je acht oder zehn Arme in einem Zimmer hausten. Er ließ sich aber auf dem Gelände eine Gruft bauen, auch sie bescheiden. Schmucklos standen die Särge der Familie in dem Gewölbe, bis, nachdem der Armenhauskomplex 1840 geschlossen worden war, ein Grabdenkmal für Christian Koppe von Friedrich August Stüler errichtet wurde, mit einer langen Inschrift, die seine Verdienste um die Armen und die Sorge für eine Ruhestätte der Mittellosen verkündet: »Sein Andenken ehrt dankbar die Stadt Berlin. 1855«.

Es ist wohl doch jetzt wieder Friede eingekehrt an der »Toleranzstraße« mit ihren Grabstätten, den Denkmalen und Erinnerungen an Zeiten, die die Würde des Menschen missachteten.

Friedhöfe verdienen die Bedächtigkeit aller, denn sie erzählen unwiederholbare Geschichten über Vergangenheiten, Gegenwart und wahrscheinliche Zukunft.

IV *»O Ewigkeit, du Donnerwort«*

> »Herr, wohin sollen wir gehen?«
> *Johannes 6,68*

»Des Menschen Leben währet siebzig Jahr« – eine unentrinnbare Wahrheit des Psalmisten. »Achtzig« räumt er noch ein. Was ist das, gemessen an der »Ewigkeit«? Tausend Jahre sind wie der Tag, der gestern vergangen ist, und der Mensch gleicht dem Gras, das am Morgen noch sprießt und des Abends welkt und verdorrt. »Das macht dein Zorn, dass wir so vergehen und dein Grimm, dass wir so plötzlich dahin müssen.« Verzweifelt fügt der Klagende hinzu, die Tage vergingen »wie ein Geschwätz«. Die Tage sollten aber anders vergehen, angefüllt mit Sinn und Glauben, mit Zuversicht und Hoffnung auf Erlösung von Erbsünde und Qual. Was gilt das in den Schriften verheißene ewige Leben nach dem Tode, wenn das Weltgericht am Jüngsten Tag über die Aufnahme in den Himmel, die ewige Seligkeit entscheidet?

Der Tod geht voraus, das ist sicher. Niemand kann sagen, wie das Totenreich ist, so wie niemand weiß, was »ewig« bedeutet und ob die »ewigen Gefilde« ein von Menschen auf der Erde geprägtes Wort für Himmel ist, eine Metapher, die etwas Schönes, Ruhe, Frieden, ein Sichergehen in sanfter Umgebung, Wiederbegegnung mit geliebten verstorbenen Menschen verspricht. Der Fantasie sind kaum Grenzen gesetzt, nur die der jeweiligen Konvention.

Ein hymnisches Versprechen, »Unsterblichkeit«, wie Plato sie sich vorstellte, bei den Göttern sein, »ewiges Leben«, »Ewigkeit«, die Anschauung Gottes. Norbert Elias brachte die alte Unsicherheit in dieser Frage auf die moderne Formel: »Wir sind die Befristeten.« Auch der Kirchenvater Augustinus hat in der Trauer um seine Mutter und um den geliebten Freund für kommende Freuden oder auch nur für das Ende der irdischen Zeit kein Wort übrig. Die Ewigkeit bleibt verschlossen. »Da war es in meinem Herzen dunkel vor Schmerz, und wo ich hinblickte, war der Tod. Da ward mir die Vaterstadt zur Qual, das Mutterhaus zu wundersamer Bitternis. Was ich einst mit ihm geteilt, das kehrte sich jetzt ohne ihn zu übergroßer Pein. Überall suchten ihn meine Augen, aber er kam mir nicht wieder. Und ich hasste alle Dinge, weil sie ihn mir nicht wiederbringen konnten, weil sie mir nie sagen konnten: Sieh, da kommt er, wie früher wohl in den Tagen seines Lebens, da er fort war und wiederkommen sollte. Und mir selbst ward ich zum großen Rätsel.« Er fühlte sich zerrissen, nur noch zur Hälfte lebend. Halb könne er nicht leben, schreibt er, und: »Des Toten verlorenes Leben wird den Lebenden zum Tod.« Dieser Satz hat manches Liebesleid begleitet. Der Tod des einen wird der Tod des anderen. Berühmte Liebespaare – Tristan und Isolde, Romeo und Julia – stehen für die Unsterblichkeit der Liebe. Doch diese Liebe gibt dem Paar in der Ewigkeit keine Chance. Sie ist nicht stark genug, die Trennung auszuhalten. Das aber, der Schmerz des Verlustes, das Alleinzurückbleiben, das Leben mit dem Grab – von dem die Mutter des Augustinus gesagt haben soll, es sei ihr gleichgültig, wo ihr Grab ist, wichtig sei nur, dass der Sohn für sie betet – wird eine Probe auf das »ewige Leben«.

Visionen

Dantes Wanderer irrt durch düstere Gefilde und wegloses Land. Er flieht vor sturmgepeitschten Wogen. Ein Löwe, der Ehrgeiz, und eine Wölfin, Habgier, nähern sich drohend, bis Vergil ihn rettet und Charon zuführt, »der um die Augen Flammenräder hatte«. Dann gerät er in schauerliche Verzweiflung. Denn am Ufer und im Fluss sieht er »die in Gottes Zorn dahingestorben«, alt wie aus Adams Zeiten und unerlöst. Sturm, Blitz und schwerer Donner erschüttern den Ahnungslosen, den Vergil belehrt, dass hier, im ersten Höllenkreis, die Alten harren, ohne alle Hoffnung, denn sie waren vor Christi Geburt gestorben und nicht getauft.

Abel, Abraham, König David, Jacob, Rahel wurden indes erlöst; die anderen bleiben als Schatten zurück, sichtbar für den Besucher, der Homer erkennt mit einem Schwert in der Hand, Horaz, Ovid. Die Ehre aber, so wird er belehrt, die die Welt ihnen erweist, das heißt, das ehrende Andenken, die Achtung, verschafft ihnen Gnade im Himmel. Noch leiden sie die Pein ungewisser Erwartung.

Als er den sechsten Höllenkreis erreicht, wo ihn »ein fürchterliches Übermaß an Gestank« erschreckt, lernt er die Abgründe von Frevel, Gemeinheit und Gewalt kennen, deren Menschen fähig sind. Er erkennt Papst Anastasius in seiner ganzen Verlogenheit und wundert sich, Kaiser Friedrich II. an diesem Ort zu sehen.

Vernunftgründe

Die bestürzende Vorstellung, dass Dantes Vision Ewigkeit haben könnte, ebenso gut aber auch die völlige Negation aller Aufenthalte nach dem Tod, die Erkenntnis des Nichtwissens, die die Menschen umtreibt und verunsichert, beschwert den Abschied vom Leben und die Trauer. Wo bleibt die Liebe in all den Disputen über die Unsterblichkeit der Seele und den Tod, über die Trennung vom geliebten Menschen?

Philosophen verschiedener Richtungen haben sich damit auseinandergesetzt, Psychologen, Anthropologen. Zwischen dem fernen Königsberger Immanuel Kant, der in der *Kritik der praktischen Vernunft* für Gott, Freiheit und Unsterblichkeit plädiert, »um überhaupt praktisch werden zu können«, aus Vernunftgründen also, und Moses Mendelssohns Beweis der »Beharrlichkeit der Seele«, die der Liebe eine Brücke zwischen Diesseits und Jenseits baut, über Sigmund Freud, Martin Heidegger sucht der moderne Anthropologe Thomas H. Macho nach Metaphern, mit denen solche Ungewissheiten benannt werden. Im Versuch einer Enträtselung von Bildern wie dem Würzburger oder Heidelberger Totentanz finden sich neue Metaphern. Sie umkreisen das Problem und lösen es aus alten Sprachfesseln. Neue Assoziationen, neue Worte, wissenschaftliche Begriffe, kunstvolle Umschreibungen reichen dennoch nicht aus, zu sagen, was das ist: der Tod, das Sterben. Der kluge, weltgewandte Michel de Montaigne hat im 16. Jahrhundert seine Gedanken dazu in dem ebenso fordernden wie hilflosen Satz zusammengefasst: Es komme darauf an, »sterben zu lernen«. Dem Tod ins Antlitz zu schauen und den Anblick des Sterbenden auszuhalten, die Verwandlung des Gesichts nach dem Tod, das allein schien ihm der einzig mögliche Umgang mit dem Unvermeidlichen, das Tod heißt. Montaigne sah darin ein Höchstmaß an Freiheit. *Von der Freundschaft* hieß die Schrift, die er seinem Freund Étienne de la Boetie widmete, den er aus dem Leben hatte scheiden sehen. Beide hatten dem Tod »frei« ins Antlitz gesehen, in unverbrüchlicher Freundschaft. Der Friedhof, das Grab, die Gruft – nichts Beschwerendes ist mehr daran.

Das lange Gedächtnis
Grabsteine vermitteln andere Botschaften als die Biographie. Gedacht als Wohnung für die »Heimgegangenen«, bleibt die Sorge für die Stätte den Angehörigen oder deren Beauftragten oder einer Institution überlassen. Längst nicht mehr tanzt die Jugend um das Grab in der Erwartung, die Ahnen könnten ihnen zu Nachwuchs und Fortsetzung der Reihe verhelfen. Die Friedhofsordnungen gebieten Zurückhaltung, »Frieden« eben und Ruhe. Doch der Gedanke an ein Fortleben bleibt. Ein Baum zumindest soll wachsen, das Eingehen in den Kreislauf der Natur

symbolisierend. Doch auch hier im Diesseits soll der Mensch verewigt sein. Nicht gerade in Ausmaßen wie die Reiterstatue
Friedrichs des Großen, aber doch auf eine Weise, die seinem
Wesen entspricht. Ohne Gedächtnisstütze, meint man oft, hin-
terlässt der in die Ewigkeit Eingegangene allzu leicht verwisch-
bare Spuren.

Sichtbar »verewigt« für die Nachwelt soll der Verstorbene sein.
Ein in der Regel schmaler Platz soll ein Denkmal aufnehmen, das
lautVerordnung nur eine begrenzte Höhe und keine allzu extra-
vagante Form haben darf. Dennoch soll es solide sein, etwas über
den Verstorbenen, vor allem aber über die Haltung der Lebenden
mitteilen.

Einige erhaltene barocke Grabmale sind Zeugnisse langer Dauer, Porträts erinnern an das Aussehen des Toten zu Lebzeiten. In
Österreich finden sich originelle Grabplatten, die in Worten mitteilen, was den, der da seit dreihundert und mehr Jahren ruht,
umgetrieben hat, so in Kramsach im Inntal, wo barocke Tafeln
zwischen schmiedeeisernen Ranken angebracht sind: »Hier liegt
in süßer Ruh / erdrückt von seiner Kuh / Franz Xaver Maier, /
daraus sieht man / wie kurios man sterben kann.« Ein Dorffriedhof. Mehrere solcher Tafeln zeigen die Todesart an, die Verse
humorvoll, wie vermutlich auch der gewesen ist, der um 1800
starb, denn »gesoffen hat er wie eine Kuh«.

Auf dem alten St. Johannisfriedhof in Nürnberg, neben der gotischen Kirche gelegen, begegnet uns das, was man als Pendant zur
großen, unfassbaren Ewigkeit im Jenseits die kleine selbst gebau-
te irdische Ewigkeit nennen könnte: ein wunderbar geordneter,
grüner Ruheplatz. Unter großen, nebeneinander und hintereinander liegenden Sandsteinplatten, zwischen denen Wege frei bleiben, ruhen Patrizier und Handwerker und Künstler, darunter
Albrecht Dürer, Veit Stoß, Willibald Pirkheimer und angeblich
auch Hans Sachs, lauter Humanisten der Lutherzeit. Die Platten
sind alle gleich groß, das eiserne Messband ist noch erhalten. Bis
ins 19. Jahrhundert hinein erlaubte die Friedhofsordnung keine

anderen Grabmale, nur die Inschrifttafeln waren individuell gestaltet.

Einzige Ausnahme ist das monumental hochragende Grabdenkmal für Thomas Müntzer, den chiliastischen Reformator und Verkünder von »Endzeit«. Verfolgt und 1525 hingerichtet, wurde er vor allem in Nürnberg verehrt und erhielt 1560 dieses sieben Meter hohe Memorial, das in bewegter Szene über dem Inschriften-Sockel den schrecklichen Tod, darüber den auferstandenen Christus und oben quer, einem überdachten Retabel gleich, an römische Grabmalskunst erinnernd, Reliefs der Gerichtsszene mit Pilatus zeigt. Die Figuren treten aus dem Bild hervor. Wie dem Himmel entgegengehoben, erzählt das Denkmal von dem Wiedertäufer und seinem Glauben.

Symbole für Unvergesslichkeit

Ähnlich, wenn auch – immerhin dreihundert Jahre später, nämlich 1866 – schlichter durch ein noch barockes großes Kreuz auf schwerem viereckigem Sockel, das Grabmal für den Generaldirektor der Königlichen Gärten Dr. Peter Joseph Lenné auf dem Potsdamer Friedhof Bornstedt, neben seinem geliebten Park von Sanssouci. Auch Friederike Lenné ist hier begraben. Das Kreuz ohne Corpus bezeugt ein christliches Leben reformierten Bekenntnisses, auch dies hoch aufragend als bleibendes »ewiges« Symbol gemeint, so wie Schadows grandioses Scharnhorst-Grabmal, Bertolt Brechts wohlgeformter Naturstein oder die erst nach 1945 an der Mauer des Friedhofs von Berlin-Pankow an der Buchholzerstraße angebrachte Grabplatte für Carl von Ossietzky und seine Frau Maud von Ossietzky.

Der Friedensnobelpreisträger, Pazifist und Herausgeber der *Weltbühne* Carl von Ossietzky war ein Opfer der Gestapo. Konzentrationslager und Krankenhausaufenthalt unter strenger Kontrolle der Geheimen Staatspolizei brachten ihn um. Sein Tod am 5. Mai 1938 wurde verschwiegen, zur Beisetzung der Urne an der Mauer durfte kein Freund kommen. Die Gestapo verbot alle Worte.

Das Denkmal aber hält diesen mutigen Publizisten lebendig in der kleinen irdischen Ewigkeit, die das Gedächtnis sich schafft. »Frieden für immer« steht auf der Platte.

»O Ewigkeit, du Donnerwort« – auch das eine Metapher für die Angst und das Zagen, das in Johann Sebastian Bachs Choral so eindrücklich, sinnlich, heftig revoltierend und zugleich beschwörend klingt. Wie in der Johannespassion, beim Zerreißen des Vorhangs, öffnet die Musik den Schleier, der über allem zu liegen scheint, und so auch das Land der Erinnerung.

V Der Dorotheenstädtische Friedhof

»Wer den Tod fürchtet, hat das Leben verloren.«
Johann Gottfried Seume

Jammervoll war dieses 17. Jahrhundert. Die Berliner hatten viel
zu klagen. Krieg und abermals Krieg, Hunger und die Pest brachen über sie herein. Der Große Kurfürst aber baute seine Residenz und Garnisonen. Mehr als ein Viertel der Bevölkerung, an
die viertausend Bewaffnete, dienten dem Krieg. Die Bürger wurden gemustert, exerziert, zum Schießen und zum Wachdienst
abkommandiert, in blanke Uniformen gesteckt und dem Tod
geweiht.
Man wollte den Krieg nicht und man brauchte ihn nicht, nicht
den Dreißigjährigen und keinen anderen. Hier hatte jeder seinen
Glauben, Lutheraner, Calvinisten, Katholiken, Hugenotten, Or-
thodoxe, Juden. Warum streiten über die Religion? Der Kaiser in
Wien mochte das wissen.
Und der Große Kurfürst. Das Haus Brandenburg war calvinistisch geworden und hing der neuen Religion in aller Strenge an.
Schweden, Dänen, Kaiserliche und diese oder jene Truppen
zogen ein und wieder aus, Verbündete oder Feinde – dem Volk
blieb's einerlei. Landesgrenzen waren zu verteidigen, die Armeen
mussten vergrößert, die Gefallenen ersetzt werden. Berlin trug
schwer an den Verlusten und Verheerungen und an den Kosten
der aufeinander folgenden Schlachten.

Hochgemute Pläne für eine große Stadt

Dennoch wuchsen die beiden Handelsstädte an der Spree, Berlin und Cölln. Neben Fischern, Händlern mit Getreide und Flachs siedelten Handwerker und Beamte sich dort an. Es wurde gebaut; ein Dom, Handelshäuser und Kasernen, Kirchen, feste Häuser aus Stein, Bürgerhäuser, Mietshäuser, Werkstätten, zwei Brücken von Stadt zu Stadt, leicht und geschwungen nach holländischem Muster. Das Schloss erhielt Seitentrakte, der Gendarmenmarkt entstand, das Zeughaus wurde geplant. Der Brandenburger holte Baumeister, Architekten, Maler, Gelehrte an seinen Hof.

Gemessen an der großen Handelsstadt Amsterdam, wo er sich lange aufgehalten und den freien Geist, der ihm dort begegnete, den praktischen Sinn, die Unermüdlichkeit im täglichen Kampf mit dem Wasser kennen gelernt hatte, den Schiffsbau, die Malerei, Architektur und die Weisheiten in alten Büchern, scheinen seine Pläne zugleich bescheiden und hochmütig. Er brachte die Ideen des Erasmus von Rotterdam mit nach Berlin und die Rechtslehren des Hugo Grotius, beide Verfechter von Toleranz und Frieden. Dieses Wissen von den bleibenden Erkenntnissen früherer Zeiten mag ihn bewogen haben, seine eigenen Maßstäbe für die Zukunft zu finden. Sein Ehrgeiz richtete sich auf eine Residenzstadt, die es mit der bewunderten holländischen Kommune aufnehmen konnte, aber auch mit dem Glanz Londons, wenn nicht gar mit dem kaiserlichen Wien.

Der italienische Historiker Gregorio Leti besuchte im Jahr 1687 das Kurfürstentum Brandenburg. »Alle diese Stadtteile«, schrieb er, »Berlin, Cölln, Friedrichswerder, Dorotheenstadt – bilden in Wahrheit *eine* Stadt, die, wenn nicht zu den größten in Deutschland, so doch gewiss zu den schönsten und angenehmsten gehört, obwohl sie so sandig ist und rings von Wäldern umgeben. Man ist dabei, durch Kunst und Geist die Mängel der Natur auszugleichen, weshalb man ringsum Gärten sieht von einer Schönheit, um die Engländer und Holländer sie beneiden können.«

Der Reisende entdeckte viele Palazzi, die er in ihrer barocken Schwere »ehrwürdig« fand; vermutlich erkannte er den Zweck der breiten Straßen und geräumigen Plätze, denn es war nicht zu übersehen, dass Händler und ihre Kunden, Handwerker, Hafenarbeiter, Beamte, Kirchgänger, Besucher, Flaneure, Müßiggänger und Fremde sich hier bewegten, wie auch viele Soldaten des Kurfürsten.

Das Edikt von Potsdam war gerade zwei Jahre in Kraft; Religionsflüchtlinge aus Frankreich, Hugenotten, und aus Salzburg und anderen katholischen Gegenden vertriebene Katholiken siedelten auf den Brachen rund um Berlin, schon 1671 war eine Jüdische Gemeinde gegründet worden. Die Neubürger wurden mit Privilegien ausgestattet, erhielten Land und Holz, konnten Häuser bauen und sofort ihre Geschäfte tätigen. Die Hugenotten handelten mit Textilien, Kurzwaren und Stoffen. Sie betrieben Manufakturen zur Herstellung von Kleidern, Vorhängen, Decken und was auch immer gewebt wurde. Kaufleute kamen von außerhalb, in Berlin hergestellte Waren zu ordern. Handel und Gewerbe nahmen ungeahnten Aufschwung, während die neue Wasserverbindung zwischen Hamburg und Berlin und weiter nach Breslau, der Friedrich-Wilhelm-Kanal, die bisher entlegene Stadt ins Zentrum des damaligen Europas rückte.

Vernunft und Toleranz
Kurfürst Friedrich Wilhelm starb 1688. Sein Sohn Friedrich III. war schon in einem absolutistischen Staatswesen aufgewachsen, das vom Militär, von Beamten und vielen in Dienst genommenen Fremden bestimmt war. Er bestückte die Residenzstadt mit Bauten, die den Geist der neuen Zeit repräsentierten: das Zeughaus, die Akademie der Künste. Der schon allerorts berühmte, um Aussöhnung der Religionen bemühte Universalgelehrte Gottfried Wilhelm Leibniz wurde an die neue Akademie der Wissenschaften berufen, um dieser Institution den Atem des »denkenden und erkennenden Bewusstseins« zu vermitteln und die

Harmonie der »Vernunftgemäßheit« auch in politischen und gesellschaftlichen Bereichen.

Noch gab es keine Schulpflicht, doch war den Juden erlaubt, Schule nach ihren Vorstellungen zu halten, und die Klöster unterrichteten auf ihre Weise. Das »cuius regio, eius religio« anderer Staaten war hier aufgehoben. Später sollte Friedrich der Große seinem »Generalfiscal«, der durch königliches Verbot erreichen wollte, dass Katholiken niemanden zur Konversion überreden dürften, die Anweisung geben: »Die Religionen Müsen alle Tolleriret werden und mus der Fiscal nuhr das Auge darauf haben, das keine der anderen abrug Tuhe, den hier mus ein jeder nach seiner Fasson Selich werden.«

Eine »bedeutende Bevölkerung« findet Gregorio Leti bei seinem Besuch der Stadt vor, reiche, angesehene Familien, gesitteten Umgang. »Und weil Berlin eine blühende Residenz ist«, schließt er, »begegnet man einer mehr als gewöhnlichen Pracht, prunkvollen Karossen, begüterten Adligen, reich gekleideten Damen, und was das Bild im Ganzen noch verbessert, ist die Höflichkeit und eine gewisse Bildung, die man überall im Volke antrifft.«

»König in Preußen«

Friedrich III. aber erlangte vor allem Berühmtheit durch die verblüffende Geste, mit der er dem Kaiser in Wien bedeutete, dass ein Königstitel, den schon der Große Kurfürst angestrebt hatte, durchaus nicht von Reiches Gnaden kommen muss. Durch Erbgang war den Hohenzollern eine preußische Herrschaft mit der Stadt Königsberg zugefallen. Friedrich III. machte sich 1701 selbst zum König, indem er sich in Königsberg eine Krone aufs Haupt setzte: Friedrich I. nannte er sich, »König in Preußen«, das heißt König in dem Teil seines Staates, der außerhalb des Reiches lag. Der Name war es wert, auf den altehrwürdigen Titel eines Kurfürsten zu verzichten.

Das Schloss Charlottenburg nahm Form an, und die Charité als Forschungs- und Krankenanstalt erregte das Interesse der medizinischen Fakultäten in ganz Europa. Berlin lockte als Reiseziel. Die Veränderungen gingen schnell vor sich. Überall wurde gebaut, gepflanzt, angelegt, vergrößert und geplant. Und präsentiert und paradiert. Unter den Linden wandelten seit Beginn des 18. Jahrhunderts Preußen jeglicher Religion, Gäste und manchmal, in unglücklichen Zeiten, anmaßende Feinde.

Die beiden nächsten Könige betrachteten Berlin wie selbstverständlich als ihre Hauptstadt, deren Verwaltung ihre besondere Aufmerksamkeit galt, so wie in ganz Europa Hauptstädte gehegt wurden: Paris, London, Rom, Madrid, Wien oder Kopenhagen.

Beinahe vollkommen: Die Dorotheenstadt

Der Dorotheenstädtische Friedhof entstand mitten im Siebenjährigen Krieg Friedrichs des Großen um den Besitz von Schlesien. Die Dorotheenstadt, benannt nach der Kurfürstin Dorothea und zunächst mit eigener Gerichtsbarkeit ausgestattet, war rasch gewachsen. Sie erstreckte sich beiderseits der Straße »Unter den Linden«: rechts bis zur letzten Querstraße, links bis zur Behrenstraße in Richtung Brandenburger Tor. Mit dem Angebot billiger Bauplätze waren Ansiedler verpflichtet worden. Es kamen vor allem Handwerker, die an Bauten und Straßen beschäftigt waren. Auch Religionsflüchtlinge waren willkommen und erhielten wie andere Bürger Baugeld und den Schutz des Staates. Viele zogen auch nach Westpreußen weiter, wo es ebenfalls Land und Arbeit gab. Von der großzügigen Vergabe der Bürgerrechte waren jedoch Juden ausgeschlossen, obwohl sie viele Generationen lang hier lebten. Sie erhielten nur Schutzbriefe und waren immer wieder bis ins 20. Jahrhundert schlimmsten Verfolgungen ausgesetzt.

Berlin stank. Nur wenige Straßen waren durchgehend gepflastert, die Gräben flossen bei Regenwetter über, mit dem Bau der Kanalisation wurde eben begonnen. Schweine und Hühner liefen frei herum, auf dem weichen Sandboden sammelten sich Kot und Mist. Das war in allen Städten so; hier aber, wo die schöne Straße

»Unter den Linden« mit ihren sechs Baumreihen zum Spazierengehen einlud, fiel es besonders auf.

Mancher Besucher wunderte sich, wie man auf solchem Morast eine Stadt bauen konnte. Unverzichtbar blieb die Einrichtung der Sänften, in denen die feinen Leute von Adel und höherem Beamtentum sich von der Kutsche in die Häuser tragen ließen. Auch Kaufleute, Besucher aus anderen Ländern, Geistliche und wer immer auf korrektes Aussehen Wert legte, benutzten dieses Fortbewegungsmittel.

Die Dorotheenstadt gedieh indessen, wie die Friedrichstadt und andere Städte auch, die bald unter einem Magistrat vereinigt waren. An der Chausseestraße entstanden Fabriken, Webereien, Ziegeleien und Eisengeschäfte. Die Spree mit dem Schiffbauerdamm und seinen Werften war nicht weit, nahebei erhoben sich die grandiosen Bauten am Ufer, weiter weg die Charité, zuerst ein Pestkrankenhaus, dann für alle schweren Seuchen wie die Cholera zuständig, die Berlin mehrmals heimsuchte.

In der Mitte des 18. Jahrhunderts waren die Häuser in der Dorotheenstadt von Gärten umgeben. Der Friedhof an der Chausseestraße lag im Grünen. Nordwestlich sah man die Gnadenkirche, dann die Invalidenanstalt mit dem Invalidenfriedhof und ein Areal von Kasernen und Exerzierplätzen. Im Süden, wo die schöne Oranienburger Straße in die Chausseestraße mündet, stand abermals eine Kaserne. Dem Friedhofseingang gegenüber begannen später die Schlegel- und die Tieckstraße, Romantikern gewidmet, die in Berlin um 1800 Kunst, Aufklärung und Freiheit miteinander zu verbinden suchten.

Der Friedhof

Eine Statue des Reformators Martin Luther, überlebensgroß in weißem Marmor, begrüßt den Besucher des Friedhofs, dieses wahren Gartens der Ruhe. Die Bibel in der Hand, steht der Mönch für das Wort, das auch Musik geworden ist, in der Gregorianik, bei Palestrina oder in Johann Sebastian Bachs wunderbar zuversichtlichem Choral: »Erhalt uns, Herr, bei deinem Wort.«

Die Sandwege sind von alten Bäumen beschattet. Der Hain wird auch Dorotheenstädtischer »Kirchhof« genannt, eine Gewohnheit aus der Zeit, als an dieser Stelle noch eine Kirche stand. Oftmals war der Friedhof in beklagenswertem Zustand, durch Zerstörung, Vernachlässigung oder wegen Schließung. Immer wieder wurde es eng, der Platz reichte nicht aus, sodass die Verwaltung zeitweilig keine Begräbnisse mehr zuließ. Noch heute entscheidet die Gemeinde über die Vergabe von Grabstätten. Die Akademie der Künste der DDR allerdings hatte das Recht, ihre Mitglieder auf dem Dorotheenstädtischen Friedhof beizusetzen.

Zeitenwandel werden hier sichtbar, und doch ist das, was im Mittelalter das »Beisammensein mit den Unterirdischen« hieß, in seltener Weise möglich. Es ist vielleicht Luther und eine gewisse Gemeinsamkeit des Glaubens, die die hier Ruhenden vereint, aber auch die Vertrautheit der Lebenden mit dem hier gepflegten Totenkult, seinen Formen und seiner Geschichte, die begann, als man die Verstorbenen nicht mehr im Steinsarkophag aufrecht oder weit über dem Boden erhöht beisetzte, sondern unterirdisch in einem Holzsarg, der Erde gegeben oder zurückgegeben.

»Im Tod sind alle gleich« hieß es schon vor Luther. Unter dem Sand des Friedhofs liegen die Verstorbenen eng beieinander. In Gottes Erde gebettet zu sein, meinten die Menschen der Epoche, als der Dorotheenstädtische Friedhof angelegt wurde, mache weniger Angst, als zu denken, der Tote sei wie in früheren Zeiten in dem steinernen Monument und seine Seele könne nicht heraus. Damals sprach man auch von den »glückseligen Toten«, die in Ruhe den Jüngsten Tag und ihre Auferstehung erwarten. Auf Grabsteinen erscheinen Figuren, Darstellungen des geliebten Menschen, des Paares in inniger Umarmung, eine Allegorie der Untrennbarkeit, Unsterblichkeit der Liebe, oft von zwei himmlischen Gestalten umrahmt. Die Hoffnung auf ewige Anschauung Gottes, auf ein Wiedersehen in paradiesischen Gefilden, begrüßt von Posaunen, Trommeln und Trompeten und den Chören der Engel, der ganzen Herrlichkeit von Licht und Farben, wie sie der fröhliche Heilige Philipp Neri im barocken Rom gesehen hat.

Die alte Vorstellung, ein »ganzer« Mensch, Seele und Leib, werde zum Himmel geleitet und der Teufel habe keine Macht über ihn, überdauerte alle Perioden strenger Bußpredigten. Die Hölle scheint undenkbar an diesem schönen Ort. Und auch der Zweifel schwindet, ob nicht das »Nichts« das Ende sei. Nein, ein Mensch hat *gelebt*, ehe er stirbt. Ob lang oder kurz, kein Leben geht im Tod verloren. So schon im 15. Jahrhundert der holländische Humanist Erasmus von Rotterdam; denn, so argumentiert sein Nestorius, »es ist soldatisch zu glauben, dass nach dem Tod nichts vom Menschen übrig bleibt als der Kadaver«. Das sagte der Philosoph aus den Niederlanden, der jeden Krieg missbilligte. In Preußen hingegen glaubte wohl kein Soldat, dass »nichts« sei nach dem Tod.

Das Gedächtnis

Erinnerung hält den Verstorbenen lebendig; das Gedächtnis bewahrt ihn und inszeniert »Beisammensein« mit den Toten. »Der mensch muß sich ein gedächtnus machen«, soll Kaiser Maximilian I. gesagt haben, als er sein Grabmal in Innsbruck entwarf. Er wusste: Denkmäler sind Gedächtnisstützen. Sie symbolisieren Gemeinschaft: Die noch Lebenden erinnern sich, spätere Generationen werden fragen »Wer war das?«. Der Große Kurfürst, hoch zu Ross in gebieterischer Haltung, Respekt heischend, auf den ersten Blick als nimmermüder Herrscher erkennbar, bleibt unvergessen.

Der Denkmalkult setzt sich im Kleinen fort. Grabsteine sind Denkmale. Wer zwischen den Gräbern umhergeht, erblickt auf jedem die Form, die Schrift, das Zeichen, das Symbol, die figürliche Allegorie, das Porträt oder auch nur die Weigerung aller Mitteilung. Jeder, der hierher auf den Friedhof kommt, erfährt, wer Martin Luther war, wenn er es nicht schon wusste. Der

Reformator versammelt die Besucher, ehe sie mit den Toten sprechen. Es ist Zukunftshoffnung für die Lebenden in den Statuen, Denkmälern, Grabmalen. Im Krieg gegen Napoleon hoffte König Friedrich Wilhelm III., kein einziger Soldat möge »umsonst gefallen« sein. An jeden sollte namentlich erinnert werden; man dachte ihn sich »glückselig« bei den Himmlischen, das Jüngste Gericht vorwegnehmend.

»Ich hab mein Sach Gott hingestellt« – jeder der hier Begrabenen könnte so singen. Philosophen, Maler, Bildhauer, Musiker, Schauspieler, Schriftsteller, Industrielle, Physiker, Ärzte, Handwerker finden sich ein, vertraute Namen neben weniger oder nicht mehr bekannten. Alle haben sie mit dem wachsenden Berlin zu tun, mit den Geschicken der Stadt und der Geschichte Preußens und des Reiches, mit den jeweiligen Auseinandersetzungen ihrer jeweiligen Zeit, die immer noch unsere jetzige Zeit ist. Ein Koch des Königs könnte hier bestattet worden sein, Diener, Hausangestellte. Es ist ein bürgerlicher Friedhof, der Land besitzende Adel fand seine Ruhestätte in der Familiengruft, auf dem Lande oder, wie die Brüder Wilhelm und Alexander von Humboldt im Park des Schlösschens Tegel, stadtnah.

Schlichte Steine, schmiedeeiserne Kreuze, Stelen, monumentale Grabmale tragen Inschriften, aus denen zu erkennen ist, wer da ruht. Vorname, Name, Geburts- und Sterbedatum sind auf den älteren Grabmalen meistens verzeichnet. In neuerer Zeit beließ man es oft nur beim Namen: Helene Weigel, Bertolt Brecht, Heiner Müller – Berliner wissen, wer das war, und auch wer E. Litfaß oder John Heartfield, dessen Grabstein sein Signet, ein stilisiertes H, trägt.

Veränderungen

Das »requiescat in pace« gilt jedem. Auf diesen Friedhof sind viele Verstorbene umgebettet worden, vom benachbarten Friedhof der Friedrichswerderschen Gemeinde, weil der Platz für den erweiterten Straßenbau benötigt wurde, von anderen älteren kleinen

Kirchhöfen, weil man nach der Wiederkehr der Pest und anderer Infektionskrankheiten die Toten weitab vom Zentrum begraben musste. Auch die Beisetzung in den Kirchen wurde verboten. Dass die Stadt im Laufe der Zeit an fast alle neuen Friedhöfe heranwuchs, konnte Friedrich Wilhelm I., der einen strengen Verlegungsbefehl erlassen hatte, nicht ahnen. Zu Beginn der Pestepidemie von 1710 hatte er außerhalb der Berliner Stadtmauer, am Spandauer Tor, ein Quarantäne- und Lazaretthaus errichten lassen, das später »Charité« genannte Krankenhaus, in dessen öder Umgebung schon knapp zwanzig Jahre später die Gebäude des Invalidenhauses standen, mit Wegen und Gärten und kultivierten Äckern, zwei Kirchen, Beamtenwohnungen und allem nachdrängenden Zuzug, den ein urbar gemachtes Gelände anlockt.

Auch wegen »Überfüllung« wurden manche Friedhöfe geschlossen. Die eigene Begräbnisstätte der Charité hat nicht lange bestanden. Der nahe Invalidenfriedhof und andere Einrichtungen nahmen die Toten auf. Obwohl von früh an prinzipiell die Kirchengemeinden Platz für verstorbene Mitglieder bereitstellten, konnte jeder sich woanders begraben lassen. So hatte der Philosoph Georg Wilhelm Friedrich Hegel sich gewünscht, neben Johann Gottlieb Fichte, seinem älteren philosophischen Kollegen, der an Typhus gestorben war, zu »liegen«. Beide waren zuerst auf dem Friedhof der Friedrichswerderschen Gemeinde beigesetzt, Fichte im Jahr 1814, Hegel 1831, dem Jahr der Cholera-Epidemie, der auch er zum Opfer fiel.

Berühmt waren sie beide. Fichte, Gründungsrektor der Berliner Universität, ein Philosoph des deutschen Idealismus und einer Freiheit, wie die Französische Revolution sie versprochen hatte, hoffte auf eine nahe Zukunft mündiger Menschen. In Erweiterung der streng rationalistischen Ansätze des französischen Naturwissenschaftlers René Descartes, »Vater der neueren Philosophie«, wie er später genannt wurde, suchte Fichte nach Gründen und Beweisen für sein eigenes »Ich« in der Welt, in der Beziehung zu Gott und zum »Nicht-Ich«. Das, was er als *Versuch einer Kritik aller Offenbarung* bezeichnete, wurde ihm in Jena, wo er eine Professur an der Universität innehatte, zunächst als Ketzerei ausgelegt. Doch er fand sich durchaus im Einverständnis mit Professor Immanuel Kant in Königsberg, dessen *Kritik der praktischen Vernunft* und *Kritik der Urteilskraft* den ganzen Fundus an Erfahrungen auf die Waage legte. Die »reine Vernunft« dagegen behält bei Kant ihre Wächterfunktion über die Erkenntnisse und deren Anwendung.

Im Jahr 1793, während in Paris unter der Ägide von Robespierre ein »Gesetz gegen die Verdächtigen« erlassen wird, wodurch die »Schreckensherrschaft« mit Tausenden von Verhaftungen und Morden freie Hand bekam, verfasste Fichte eine Aufsehen erregende Schrift mit dem Titel *Zurückforderung der Denkfreiheit von den Fürsten Europas, die sie bisher unterdrückten.* Auch Kant hatte sich, 1794, gegen den Vorwurf der »Entstellung und Herabwürdigung mancher Haupt- und Grundlehren der Heiligen Schrift und des Christentums« zu wehren.

Als Napoleon, der Despot, mit Macht über die deutschen Lande herfiel, hielt Fichte seine berühmten *Reden an die deutsche Nation*. Er forderte Selbstbewusstsein und die Verteidigung der Freiheit gegen den Tyrannen – eine Umsetzung von Kants »kategorischem Imperativ« in praktisches, das heißt sittliches und somit auch politisches Handeln.

Zwischen Leben und Tod

Georg Wilhelm Friedrich Hegel aus Stuttgart kam erst nach Berlin, als Fichte schon vier Jahre tot war. Zuvor hatte er in Jena und Heidelberg Vorlesungen gehalten. Hegel, auch er bereit, an den Grundfesten der bisherigen Philosophie zu rütteln, scheint von Fichtes Mut und rigorosem Denken beeindruckt gewesen zu sein. Er selbst verfocht eine Philosophie des »Absoluten«. Die Gespräche zwischen ihm und dem politisch argumentierenden Fichte setzen sich bis heute fort. Der eine drängt auf Veränderung, der andere sucht den »Weltgeist« in der Geschichte, eine prinzipielle Antwort in einem weitläufigen Gebäude der Ideen. Einer der Schüler Hegels, Karl Marx, hat dann der abstrakten Vernunft politisches Leben eingehaucht.

»Philosophie ist nur da, wo der Gedanke als solcher zum Absoluten, zur Grundlage, zur Wurzel von allem Übrigen gemacht ist.« So Hegel in der *Einleitung in die Geschichte der Philosophie*. Als der »sich selbst denkende Gedanke« umfasst die Philosophie Leben und Tod mit allen wahrzunehmenden Erscheinungen. Die Brücke zwischen beiden, der Übergang, das Sterben, führt in Hegels Gedanken zu einem Zustand des Nicht-mehr und Noch-nicht. Im Jenseits noch nicht bei den Vätern versammelt, ewige Anschauung Gottes erwartend, die Welt jedoch hinter sich und der Körper erstarrt, befindet sich der Mensch, nach Hegel, in einem Zustand absoluter »Freiheit«. Das Erstarren der Verstorbenen ist für Hegel »Entindividualisierung«, das Ende von allem Irdischen und damit höchste Freiheit, das erstrebenswerteste Gut. Der Tod verliert seine Schrecken und seine Macht. Oder ist diese Art des »Bei-sich-Seins« des Menschen im Tode noch schrecklicher für die Zurückbleibenden, weil sie ihn in niemandes Obhut wissen? Kein Engel, kein Heiliger, kein Gott und auch kein Teufel nahe. Absolute Einsamkeit dessen, den die Trauernden sich in diesem »zwischen Leben und Tod« in höchster Freiheit vorzustellen haben?

»... ein Land der Lebenden und ein Land der Toten«, schreibt Thornton Wilder in schöner Bestimmtheit. Er gibt dem unerreichbaren Toten im »Zwischen«, das er als »Brücke« sieht, etwas mit auf den Weg, das nicht zurückzuweisen ist: die Liebe. Die Liebe bleibt, ob der Verstorbene es spürt oder nicht. Sie ist vielleicht, wie der Philosoph Wilhelm Weischedel um 1970 meinte, »das Absolute«, das er in Hegels Denken zu enträtseln suchte und das er sich im Irdischen wie im Überirdischen gegenwärtig dachte.

Grabmale

Den beiden Denkern benachbart fällt das Grab des Kunstreiters Carl Hess ins Auge, der 1952 starb, eine bewegliche, lebensbejahende Figur des vorigen Jahrhunderts. Der bezaubernde Artist des Zirkus Busch sah die »Wurzel von allem Übrigen« in der schönen Bewegung seines Pferdes, in der Ästhetik der verhaltenen Gangart oder der Volte und der gebändigten Kraft. Unter »Dressur« verstand er eine Art Gegenseitigkeit, Harmonie und Hingabe. Der Auftritt wurde zum *pas de deux*.

»Wilhelm von Hufeland« lesen wir auf einem Grabstein. Er war der Leibarzt des preußischen Königs und wirkte an der Charité. Tag und Nacht suchte er nach einem Impfstoff gegen die verheerend ansteckende Krankheit um die Wende zum 19. Jahrhundert, die man »Pocken« nannte. Tausende starben daran, Überlebende der Seuche blieben durch schlimme Narben entstellt. Als zäh, knorrig und zugleich umgänglich wird Hufeland beschrieben. Er traf mit Fichte und Hegel, mit dem Physiker Heinrich Gustav Magnus, mit dem Baumeister und Maler Karl Friedrich Schinkel, den Bildhauern Gottfried Schadow und Christian Daniel Rauch zusammen, deren Gräber auch hier sind.

Die großen Klassizisten

Schinkel und Schadow haben mit ihren Werken das repräsentative Berlin des 19. Jahrhunderts geprägt. Man sah sich bei den Brüdern Humboldt, bei Bettina von Arnim, im Salon der Rahel Varnhagen, in der Oper. Schinkel hatte, wie der »Turnvater« Jahn, wie Schleiermacher, Bismarck, Bülow und Scharnhorst, das berühmte Gymnasium »Zum grauen Kloster« besucht, eine Schule geistiger Selbständigkeit in konservativem Rahmen.

Geradezu unbändig, genial, mit sicherem Stift gezeichnet sind die in Landschaft gesetzten Grabmalsentwürfe von Karl Friedrich Schinkel. Die hochragende Stele mit bewegter Figur, das Hausgrab auf zwei Pfeilern wie eine Brücke zwischen Leben und

Tod, ein Mausoleum und eine schwere Säule von eindrucksvollen Maßen, die möglicherweise in späteren Jahrzehnten dem
Buchdrucker Ernst Theodor Amadeus Litfaß die Idee zu seinen
Reklamesäulen gab. Schinkel indessen verzierte die Säule mit
einem Figurenfries über dem umlaufenden Mäanderband; sie
hat einen beinahe dachähnlichen oberen Abschluss und einen
mächtig ausladenden Sockel. Unverkennbar die Handschrift
des großen Architekten. Die belaubten Bäume im Hintergrund
gehören dazu, wie wenn sie nur für einen Moment den Blick auf
die Gruppe der Monumente freigegeben hätten, um sie sogleich
wieder schützend zu umhüllen.

Im Jahr 1821, als das Blatt entstand, war der viel gereiste Vierzig-
jährige Mitglied der Bauakademie und Professor. Er hatte dem
schon biedermeierlichen Ambiente der Industriestadt Berlin,
dem modernen Stil der Villen, Geschäfts- und Fabrikgebäude
noch einmal große Akzente entgegengesetzt: das Schauspielhaus
am Gendarmenmarkt, die Neue Wache an der Straße Unter den
Linden, die Schlossbrücke, die Elisabethkirche, die Kirche in
Friedrichswerder, grandiose Denkmäler und Grabmale wie das
vom General Scharnhorst auf dem Invalidenfriedhof, Formen
von reinstem Klassizismus, streng, ausgewogen, die Reliefs aufs
Feinste ausgearbeitet und die großen Figuren am Bau bewegt in
imposanter Manier. Das Interesse an antiker Kunst hatte schon
bei Schinkels Lehrer Friedrich Gilly nicht zur bloßen Nachahmung geführt, sondern eher zur Neuinterpretation, in der Befrei-
endes lag, auch von den alten, wieder in Mode gekommenen
Formen der Romanik und Gotik, vor allem aber vom Geist des
Barock und des Rokoko. Denn längst schon hatten sich Reprä-
sentationsformen, wie sie in Versailles und in Nachahmung dieses Schlosses in deutschen Residenzen gepflegt wurden, als nicht
mehr zeitgemäß erwiesen. Die Häuser wurden kleiner, Repräsentation und Privates erhielten getrennte Räume, das Außen
sollte natürlich sein, mit Rasen und Bäumen, verschwiegenen
Ecken, die jeglicher noch vorhandener Geometrie trotzten. Der

englische Park verdrängte die Symmetrie des französischen Gartens, romantische Fantasien suchten neue Formen.

Karl Friedrich Schinkel starb 1841. Sein Grabmal hat er selbst entworfen, aber nicht mehr bauen können. Man hat seine Entwürfe zugrunde gelegt und ein etwas schwerfälliges Mal mit dem Porträt des Verstorbenen von August Kiss errichtet. Ein schmiedeeisernes Gitter umgab die Stätte, wie es damals Mode war. Es wurde im Krieg zerstört, eine spätere Rekonstruktion aus Gusseisen kam abhanden.

Schinkels Klassizismus wurde zum Symbol für Berlin. Man sprach darüber in der Akademie, in den Werkstätten von Paris, Amsterdam und Krakau. Er hatte viele Nachahmer, doch kaum einer führte den Zeichenstift so genial wie er.

Eine schattige Allee zog sich einst mitten durch den Friedhof, Birken, zu jeder Jahreszeit eine Freude. Schinkel ruht dort, wo nur noch einzelne Bäume erhalten sind. Viel Licht fällt auf die Gräber. Der Bildhauer Hermann Schievelbein ist auf seinem Obelisken porträtiert, ein fünfzigjähriger Professor an der Akademie der Künste, am bekanntesten vielleicht durch den Entwurf für das Denkmal des Freiherrn vom Stein, heute Unter den Linden, ausgeführt von Hugo Hagen.

Ein anderer Obelisk, ebenfalls an der Birkenallee, fällt auf. Das Bildnis eines jugendlichen Romantikers mit strengen Falten über der Nase ist zu sehen: August Boeckh, Professor für klassische Philologie zunächst in Heidelberg, ab 1810 in Berlin, wo er hoch angesehen war nicht nur wegen seiner Editionen griechischer Dichter. Am bekanntesten war seine Pindar-Übersetzung. Man schätzte sein Organisationstalent, seine Umgänglichkeit und berief ihn mehrmals zum Rektor der Universität und in die Akademie. *Der Staatshaushalt der Athener* ist sein bedeutendstes Werk betitelt, das noch heute gültige kameralistische Weisheiten enthält.

Auf hohem Sockel und von weitem erkennbar steht Johann Gottfried Schadows Ebenbild aus mittleren Jahren. Sein Schüler

Heinrich Kaebler hat den Bronzeguss gemacht, und er, der früh an seinen Nachruhm dachte, bestimmte diese Statue als Grabschmuck. Aus Zinn gegossen, zeigt sie einen eleganten, selbstbewussten, freundlichen Mann. Die erhöhte Position, die sein Porträtist ihm gab, hatte er auch im Leben inne. Er war »Hofbildhauer seiner Majestät des Königs von Preußen«.

Symbol für Freiheit und Sieg
Stattlich und lang war die Birkenallee. Heute verliert sie sich im Ungepflegten. Davon unberührbar stehen die schönsten Grabmale, so die Sandsteinsäule, die Schadow selbst seiner zweiten Ehefrau Henriette fertigte, mit der wohlproportionierten Vase in italienischer Manier, und das gewichtige, dennoch empfindsamen Geist verratende Monument für Christian Daniel Rauch. Er war ein Schüler Schadows, nicht viel jünger als er und durch die Heirat beider Nachkommen auch familiär mit ihm verbunden.
Schadow war in Berlin geboren. Sein Vater, ein Schneidermeister, scheint ihn nicht gehindert zu haben, als er mit sechzehn Jahren Schüler der Königlichen Kunstakademie wurde. Aktmalerei, Bildhauerei, Bronzegusstechnik lernte er in Berlin. Er sah die Reiter der Königlichen Armee, registrierte Bewegungen und Haltung, beschäftigte sich mit der preußischen Geschichte und mit dem verehrten Friedrich dem Großen. Diesem König wollte er ein Denkmal setzen, das die Zeiten überdauert.
Zunächst aber reiste er nach Italien. Dann, als er schon Lehrer der Bildhauerkunst an der Akademie war, nach Dänemark und Russland. Römische Antike, italienische Klassik, der kühle naturnahe nordische Stil der Skulpturformen und russische Monumentalität hinterließen gleichermaßen starke Eindrücke. Das Reiterstandbild des großen Friedrich hat er nicht geschaffen, wohl aber die starke Quadriga auf dem Brandenburger Tor. Er war dreißig Jahre alt, als sie aufgestellt wurde, und ahnte nicht, dass sie zum politischen Symbol wurde für Freiheit und Sieg. Sieg über wen auch immer. Napoleon, in Berlin »der Pferdedieb« genannt, nahm sie

mit nach Paris, eine Trophäe wie der berühmte Obelisk aus Ägypten auch. Er musste die Gruppe nach den Freiheitskriegen zurückgeben, und mancher Berliner weiß zu erzählen, wie damals gesagt wurde, »diese Pferde – man sieht doch, wie gut sie laufen können, die haben den Weg allein zurückgefunden«.

Die Pferde halten nichts von Siegen. Sie überstanden das 19. Jahrhundert unbeschädigt, auch die Hybris des 20. konnte sie nicht ganz zerstören. Die unter der Quadriga hinweggegangenen Ideologien haben sie heute auf den Denkmalplatz verwiesen: historisch, schön, stark, zu Berlin gehörig, mit Eisernem Kreuz und preußischem Adler am Siegeskranz, und einer Rosselenkerin, von der Heinrich Heine im *Buch der Lieder* sagt, man sehe es der Mutigen nicht an, dass sie »auch ihre Schicksale gehabt« habe.

Heine weiß, wovon er redet, vom Krieg nämlich, den er anklagt und den er dem Stolz auf König und Vaterland als Gefahr an die Seite stellt. Schadow hat eine Reihe von Feldherren in der Pose des Unbesiegbaren, zu Pferd oder als Standbilder, dargestellt. Seit Jahrhunderten eingeübte Gestik, Standbein und Spielbein wie im Ritual höfischer Begegnungen, Ross und Reiter präsent für Kommendes: General von Ziethen oder General Friedrich Wilhelm Freiherr von Blücher, der Berlin gegen die Attacken der Armeen Napoleons erfolgreich verteidigte. Anmutig Schadows Zeichnungen, Gemälde, die Statuen von Zivilpersonen, besonders die »Prinzessinnengruppe« von 1797. Sein Ruhm ging weit über Berlin hinaus. Er erhielt zahlreiche Ehrungen, darunter den Orden »Pour le mérite« aus der Hand des Königs. Als Christian Daniel Rauch an seiner Seite eigene Erfolge hatte, räumte der alte Schadow neidlos ein: »Mein Ruhm ist in Rauch aufgegangen!«

Nur sieben Jahre überlebte Christian Daniel Rauch seinen Lehrer Schadow. Er blieb ihm nahe auch im Tod. Sein Grab, wenige Schritte von den Schadow'schen Gräbern entfernt, trägt ebenfalls eine wuchtige viereckige Stele mit hohem Sockel und einem Podest, auf dem eine allegorische Figur steht, das Gesicht nach oben gerichtet und beide Hände ausgestreckt, wie wenn sie etwas Herannahendes greifen wollten, die Hoffnung. Rauch selbst hat die Statue so entworfen. Das Medaillon zeigt den Künstler im Profil, ein weiches, klares Gesicht. Auch er reiste als junger Mann nach Italien, studierte in Rom, wo er mit Marmor arbeitete. Der König, dessen Kammerdiener er in jungen Jahren gewesen war, zog ihn wieder an sich und bestellte ein Marmorbildnis der verstorbenen Königin Luise für das Mausoleum im Schlosspark von Charlottenburg.

Viele Berühmtheiten seiner Zeit hat Rauch porträtiert, Feldherren, Höflinge, Ministerialen. Am meisten aber wird ihm am Herzen gelegen haben, ein Werk zu schaffen, das Johann Gottfried Schadow seit jungen Jahren geplant, doch nie fertig gestellt hatte: das Reiterstandbild Friedrichs II.

Die neue Welt

Doch Berlin gehörte nicht nur den Klassizisten. Am stattlichen Grabmal für den Firmengründer August Borsig, der nur fünfzig Jahre lang lebte, bis 1854, haben zwar renommierte Künstler der Epoche diesen Stil weiter gepflegt. Die Büste auf der Säule hat Christian Daniel Rauch gemacht, das Medaillon der Ehefrau Luise Borsig, das von einer entzückenden Knabenfigur gehalten wird, stammt wahrscheinlich von Wilhelm Kullrich, einem Meister dieser Kunst in Diensten des Königs. Beides Künstler von allerhöchstem Rang und Ansehen, wodurch die Leistung dieses einfachen Mannes Borsig, dem in der Jugend niemand etwas zugetraut hatte, bleibende Anerkennung fand.

Er repräsentierte aber eine andere Welt, die neue Zeit der Industrien. Zimmermann und Metallarbeiter war er, als die erste Eisenbahn zwischen Nürnberg und Fürth rollte. Schon ein Jahr später entstand auf dem Gelände der heutigen Borsigstraße, das vormals zum Invalidenhausareal gehörte, gegenüber dem Friedhofseingang das so genannte »Feuerland«, die Borsig'sche Eisengießerei & Maschinenfabrik, wo Schrauben und andere Kleinteile für

Eisenbahnen hergestellt wurden und schließlich Lokomotiven. Die Produktionsstätte wurde zu klein, Zweigwerke entstanden, bald hatte er Aufträge aus aller Welt und die fünfhundertste Lokomotive geliefert. Ein Selfmademan, der »Lokomotivenkönig«, von ansehnlicher Gestalt, voller Energie, erfindungsreich und rücksichtslos, geschickt in Geldgeschäften und auf Erwerb von Boden und benachbarten Betrieben zur Erweiterung des Eigenen bedacht. So kam auch die Maschinenfabrik der Königlich Preußischen Seehandlung in seinen Besitz, ein Prestigeobjekt des nunmehr reichen Mannes, ein Kulturerbe sozusagen, denn es gibt sie heute noch in veränderter Form und Sinngebung als »Stiftung Preußische Seehandlung«.

Zu August Borsigs Lebzeiten begann das Elend vieler Tagelöhner, die Arbeit suchend nach Berlin kamen, darunter Tausende von Franzosen und Polen. Enge Behausungen, harte Bedingungen und wenig Geld. In Borsigs Fabrik hat Ferdinand Lassalle 1873 sein erstes Arbeiterprogramm vorgetragen. Der Allgemeine Deutsche Arbeiterverein, der zehn Jahre zuvor gegründet worden war, sollte bald in die Sozialistische Arbeiterpartei Deutschlands überführt werden und später in der Sozialdemokratischen Partei Deutschlands aufgehen. Seit 1848, als die Märzunruhen mit vielen Gefallenen Berlin erschütterten, war der soziale Friede gestört. Die Reichsgründung von 1871 stärkte Militär und Nationalbewusstsein, den kleinen Leuten reichte der Schwung nicht einmal zur Bewunderung. Arm, ausgebeutet und ohne Mut vernahmen sie die Worte von Lassalle, August Bebel, Karl Liebknecht und Rosa Luxemburg. Die Ermordung der beiden eindrucksvollen Analytiker der Zeitläufte, Liebknecht und Rosa Luxemburg, nahm denen, die jetzt der unteren Klasse zugerechnet wurden, alle Hoffnung.

Ernst Theodor Amadeus Litfaß ist nahebei begraben, dessen Anschlagsäulen jeder kennt – eine intelligente Idee des Buchdruckers und Zeitungsverlegers von 1854. Die Litfaßsäulen übernahmen die Aufgabe früherer Ausrufer und brachten Ankündigungen unters Volk, Reklame und, vor allem, Bilder. Einhundertundfünfzigmal in Berlin.

Und dann ist da noch das rührende Monument des Berliner Ofenbauers Friedrich Eduard Hoffmann, der von 1818 bis 1900 lebte und in eigener Ziegelei Heizöfen von besonderer Konstruktion baute, die die Wärme in doppelwandigem Gehäuse besonders lange hielten und dabei noch durch schöne Aufsätze nobel aussahen.

Das wie eine Kulisse aus Säulenwänden und einem mittleren kapellenartigen Portal bestehende Monument umschließt dreiseitig das eigentliche Grab, in dem das Ehepaar Hoffmann und vier Kinder ruhen, die innerhalb weniger Tage an Scharlach starben, vierundvierzig Jahre vor dem Tod des Vaters. Aus dem Portal tritt segnend eine Christusfigur; das unübersehbar große Kreuz auf der Spitze des Tordaches mag den festen Glauben der Trauernden an Gottes Gerechtigkeit symbolisieren. Auffallend an dem Grabmal die bunte Zeichnung der Ziegel; ein festes Gemäuer, auf dem die Sonnenwärme sich lange hält.

Moderne Zeiten

Die Kriege der Neuzeit haben die Friedhöfe verändert. Nicht nur Zerstörungen haben die »Gärten der Ruhe« in ein zurückgenommenes Paradies verwandelt, nämlich karger werden lassen. Die Grabmale erscheinen nüchterner, manchmal sehen die einfachen Kreuze wie aus Verlegenheit hingestellt aus. Natursteine kamen in Mode. Wenig wird mitgeteilt. Als ob man alles wisse. Doch was weiß man?

Die Schadows, Schinkel und Rauch standen in Beziehung zueinander, man sieht es sogleich an den Grabmalen. Wie verhält es sich bei anderen, die hier versammelt sind, Zeitgenossen, Freunde?

Bertolt Brecht, Johannes R. Becher, Arnold Zweig, Hanns Eisler, Erich Engel, Helene Weigel und Anna Seghers – alle waren mit dem Brecht-Theater am Schiffbauerdamm verbunden, Künstler des Wortes und der Musik, aus Deutschland während der NS-Diktatur geflohen oder vertrieben und aus dem Exil zurückgekehrt. Helene Weigel, die große Schauspielerin, war mit Bertolt Brecht verheiratet. Sie führte ab 1949 das Berliner Ensemble als Prinzipalin, der Wahrheit verpflichtet, die sie mit Brecht nicht in den Philosophien, sondern in den Worten der kleinen Leute fand, wie ihre Darstellung der »Mutter Courage« bewies. Kein Pomp, keine großen Gebärden, schlicht wie Granit und stark. Das Brecht-Haus neben dem Friedhof war Arbeitsstätte für beide und Treffpunkt der Künstler in den ersten Jahrzehnten nach dem Zweiten Weltkrieg. Vom Bad aus hatte man, wie Brecht zufrieden feststellte, einen »Blick auf Fichte und Hegel und Hugenottengeneräle«.

Heinrich Mann kam hinzu. Auf einem Sockel sein kluges Gesicht, porträtiert von Gustav Seitz. Der Autor des *Professor Unrat* und der grandiosen Biographie *Heinrich IV.*, Verfasser heftiger zeitkritischer Essays gegen Ideologien und Zwang, suchte den internationalen Zusammenschluss friedliebender Menschen. Er war Präsident der Akademie der Künste in Berlin und im Ausland geschätzt. Auch er wurde aus Deutschland vertrieben, schon 1933. Er starb im Exil, ohne nach Berlin, das er so sehr liebte, zurückkehren zu können. Den Toten hat die Stadt dann heimgeholt. Das »Hohelied der Demokratie« wollte er singen, eine Utopie, an die er glaubte. Zu Füßen des Sockels ist jetzt auch eine andere Gedenktafel angebracht: »Nelly Mann geb. Kröger, 1898–1944. Der tapferen Gefährtin Heinrich Manns im Exil.«

Helene Weigel ruht unter einer einfachen Grabplatte, Bertolt Brecht hat seinen Naturstein, nur der Name steht darauf. Nicht weit von ihnen entfernt der Dichter Johannes R. Becher, der zuerst Maler war. Aus der Sowjetunion nach dem Ende der Hitlerdiktatur zurückgekehrt, hat er bis 1958 die Literatur der DDR, auch durch das nach ihm benannte Institut in Leipzig, mitbestimmt. Die minutiösen Beschreibungen von Seelenzuständen in beengten Verhältnissen in seinen Romanen, Gedanken über

Verlust und Gewinn von Freiheit und Rückzug in die Einsamkeit machten ihn zu einem einzigartigen Autor. Wie er es sich wünschte, hat er ein Vogelhäuschen neben sich, rechts, an der Mauer.

Auch Anna Seghers ist nach harten Exiljahren wieder heimgekehrt. *Das siebte Kreuz* heißt ihr großer Roman über Naziterror und Gewalt. Rechts von ihr eine Seelenverwandte, die jüdische Sängerin und Tänzerin Lin Jaldati. Sie trat mit jiddischen Liedern auf. Deportiert und misshandelt, überlebte sie die Konzentrationslager Auschwitz und Bergen-Belsen. Sie verwandelte ihre Trauer in eine Kunst, die in ihrer Gesamtheit und Perfektion, in der ihr nachgesagten Schönheit nicht mehr zu fassen ist, nur noch in Liedtexten erhalten, die ihrem Gesang und ihren Bewegungen zugrunde lagen.

Gegenüber am selben Weg der Komponist Hanns Eisler, der Brecht-Texte vertonte, und Erich Engel, der Regisseur der *Dreigroschenoper* und der *Mutter Courage*, für die Paul Dessau die Musik schrieb.

Mahnmal

An unendliches Leid erinnert das unübersehbar aufragende Kreuz aus Stahl. Hart, nüchtern, unfeierlich weist es auf die Ermordung von Männern hin, die gegen die Nazidiktatur arbeiteten. Deren Beteiligung an der Vorbereitung des Attentats auf Hitler am 20. Juli 1944 wurde nie geprüft. Sie wurden von der SS in Konzentrationslager gebracht und noch Ende April 1945 erschossen. Auf einem großen Naturstein, der auf dem Grabfeld liegt, finden sich die Namen: Klaus Bonhoeffer, Hans John, Hans Ludwig Sierks, Karl Adolf Marks, Wilhelm zur Nidden, Richard Kuenzer, Friedrich August Perels, Rüdiger Schleicher. Außerdem: Dietrich Bonhoeffer, der, ebenfalls ohne Gerichtsurteil, im KZ Flossenbürg gehängt wurde, und sein Schwager Hans von Dohnanyi, ermordet im KZ Sachsenhausen. Justus Delbrück dagegen, ebenfalls im KZ Sachsenhausen eingesperrt, kam mit dem Leben davon, doch wurde er noch im Mai von sowjetischen Diensten inhaftiert und starb im Oktober 1945, man weiß nicht wo und wie.

Leibniz verwendet in seiner Philosophie den Begriff der »harmonia praestabilita«, welche die »Einheit der Welt« ermöglicht und in die Ewigkeit reicht. Sören Kierkegaard sah darin die »unendliche Resignation«. In ihr ist die Trauer geborgen wie Tränen im selbst gesponnenen und selbst genähten Hemd des Märchens. Das Leid wird in Stärke verwandelt. Kierkegaard folgert: »In der unendlichen Resignation liegt der Friede und die Ruhe und der Trost im Schmerz.«

Träume und große Ideen
Was sprechen die Toten miteinander und was zu uns?
Der Dorotheenstädtische Friedhof ist klein und intim mitten in der brausenden Stadt. Träume sind da begraben, große Ideen für den Fortschritt der Menschheit und kleine für den bescheidenen Frieden auch an diesem grünen Ort mit seinen alten Bäumen. »Auf ihrem Grab da steht eine Linde, / Drin pfeifen die Vögel und Abendwinde«, dichtete Heinrich Heine.
Als Friedrich Hebbel in der Mitte des vorigen Jahrhunderts Friedhöfe aufsuchte, kam er auch hierher. Angesichts der vielen bekannten Namen auf den Grabsteinen rief er aus: »So viele erloschene Fackeln auf einmal trifft man wohl nur in Paris auf dem Père Lachaise wieder zusammen.«

VI *Invalidenfriedhof*

»Nach einiger Zeit setzte er sich auf einen großen Stein unter einen alten
Baum, der nur unten noch grün und oben dürr und abgebrochen war.«
Novalis, Heinrich von Ofterdingen

Sichtbar grobe Zerstörungen neuerer Zeit. Die Mauer, die
Deutschlands Teilung fast drei Jahrzehnte lang zementierte, ver-
lief mitten durch den Invalidenfriedhof, so als wenn die Erbauer
sie eilig irgendwo hinsetzen wollten, wo niemand sich wehrt.
Gräber wurden abgetragen, Pflanzen und Bäume umgelegt. Die
Toten schweigen. Zerstörung und Unordnung machten eine
Stätte der Verlassenheit aus dem Ort, der doch eingerichtet wor-
den war zur Ehre der preußischen Invaliden und ihrer Offiziere,
Feldherren, Generalstäbler. Gefallene des Ersten und Zweiten
Weltkrieges kamen hinzu und fanden ihre letzte Ruhe neben
den tapferen Grenadieren Friedrichs des Großen. Intellektuelle
des 20. Jahrhunderts neben Jagdfliegern und den Frauen und
Kindern der Bewohner des Invalidenhauses.

Scharnhorst
Unübersehbar das Grabmonument für den Königlich preußischen Generallieutenant und Quartiermeister der Armee Gerhard Johann David von Scharnhorst. Er war, was man zu seiner
Zeit gemeinhin mit Stolz vermerkte, »ein tüchtiger Soldat«.
1755 geboren und mit fünfzehn Jahren schon bewährt als Bom-
bardier im Artilleriekorps des Grafen zur Lippe, mit vierund-

zwanzig Lehrer an der Kriegsschule in Hannover, wobei er zugleich sein Handwerk zur See und zu Pferd erprobte, um 1793 gegen Frankreich in den blutigen Krieg zu ziehen, der als Erster Koalitionskrieg in die Geschichtsbücher einging. Hoch dekoriert stieg er als Major im Generalstab von Kurhannover in preußischen Diensten schließlich zum Kompaniechef und Instrukteur am Berliner Lehrinstitut für Kriegswissenschaften auf, das er ausbaute und später, zusammen mit dem Generalfeldmarschall Hermann von Boyen, der die allgemeine Wehrpflicht in Preußen durchsetzte, zur Grundschule aller Militärs machte. Beide Herren kämpften gegen Napoleon.

Im Frühjahr 1813 erließ König Friedrich Wilhelm III. einen dramatischen Aufruf »An mein Volk«. Preußen erklärte Frankreich den Krieg und sammelte alle Kräfte gegen die anrückenden Truppen Napoleons. Die Schlacht von Großgörschen bei Lützen ging für die Preußen verloren. Scharnhorst entkam ihr schwer verwundet. Er starb am 28. Juni 1813 in Prag. Dreizehn Jahre später wurde der Leichnam nach Berlin gebracht und auf dem Invalidenfriedhof beigesetzt.

Das stattliche Denkmal nach einem Entwurf von Karl Friedrich Schinkel wurde erst 1834 fertig. Auf dem schweren Sockel ruht ein Löwe von biblischem Aussehen. Eine mächtige Mähne, im Altertum als loderndes Feuer gesehen, die Augen, »hell und noch im Schlaf geöffnet«, und der kraftvolle Körper erinnern an die königliche Würde, die die Alten ihm zuschrieben, an Darstellungen des Löwen als Hüter des Wassers auf den Brunnen, wo er »das neue Wasser über die Felder führt, wenn die Sonne durch das Zeichen des Löwen geht«.

Der Löwe gilt als Sinnbild des auferstandenen Christus, als Lebenszeichen, er ist Säulenträger in romanischen Kirchen, Vorbild für die Menschen, stark, unüberwindlich, tapfer.

Gerhard Johann David von Scharnhorst, dessen Leben in einem um den Sockel herumlaufenden Marmorrelief von Christian Friedrich Tieck nach Schinkels Zeichnung dargestellt ist, hat seinen Löwen verdient. Christian Daniel Rauch modellierte ihn, aus dem eingeschmolzenen Metall eroberter französischer Kanonen erhielt er in der Königlichen Eisengießerei seine endgültige Fassung. Der Löwe überblickt den Friedhof wie ein General seine Armee.

Platz für viele
Ebenes, sandiges Gelände am Spandauer Schifffahrtskanal, wüst, unkolonisiert, brach und nach dem ersten Anschein unwirtlich, war dem König gerade gut genug für seine Soldaten. Er durchmaß das abzusteckende Terrain von mehr als fünfhundert Hektar zu Pferd und dachte sich, dass dieser stille Platz allen Orten nahe war, an denen er sich aufhielt, Berlin, Potsdam, Brandenburg und Schlesien. Selbst Pommern schien noch in Reichweite.
Zwei Kriege hatte der junge Friedrich II. hinter sich und dabei Schlesien gewonnen. Mehr als eintausend seiner Soldaten waren gefallen. Er trauerte um sie. Er litt mit den Verwundeten und wollte etwas für die Witwen und Waisen tun. Ein »Invalidenhaus der preußischen Armee«, in dem auch Frauen und Kinder leben konnten, und ein Friedhof für die Verstorbenen – das Areal war groß genug, sie alle aufzunehmen, und er, Friedrich, der bald »der Große« genannt werden sollte, König in einem erweiterten Preußen und Herr über ein stehendes Heer von achtzigtausend Mann, während seine österreichische Rivalin Maria Theresia über hunderttausend verfügte, er konnte hierher kommen und bei seinen Gefährten sein. »Ich spreche mit meinen Toten«, soll er gesagt haben.
Bald sah man lang gestreckte Bauten in Hufeisenform angeordnet einander zugewandt. Das Haupthaus hatte in der Mitte einen Spitzgiebel mit Skulpturen; zu beiden Seiten streng gegliederte Fronten, dreistöckig mit je einhundertvierundvierzig Fenstern, als Herberge für viele Menschen leicht erkennbar. An beiden Flanken, etwas zurückgesetzt, Anbauten in barocker Repräsentation – eine katholische und eine protestantische Kirche.

Den Grünflächen zu, gleich hoch, ähnlich gegliedert wie das Haupthaus und wie dieses mit vielen kleinen Fenstern und gleichmäßig verteilten Schornsteinen, das Hospital, Verwaltungs- und Wirtschaftsgebäude. Zu beiden Seiten nochmals etwas niedrigere dreiflügelige Anlagen, wahrscheinlich auch Ställe, Scheunen, Vorrats- und Gerätekammern, denn die Institution sollte sich selbst erhalten und versorgen, was erst nach einem weiteren Krieg, dem Siebenjährigen, gelang.

Einfach, gleichförmig und doch von einer gewissen herrschaftlichen Eleganz, mit Park, ordentlich angelegten Gärten und Spazierwegen, waren diese Unterkünfte für kranke, alte und erschöpfte, verwundete und unbehauste Soldaten nach dem Krieg erfreulich, Lohn für alle Anstrengungen und Opfer, die dem Regenten gebracht worden waren. Der König war sich seiner Fürsorgepflicht bewusst.

Die großen stehenden Heere der europäischen Mächte jener Zeit waren Verhandlungsgegenstände: Ganze Bataillone wurden an befreundete oder auch nur zahlungskräftige Regenten »ausgeliehen«, sie bedeuteten Einfluss und Ansehen, stützten den Staat und repräsentierten die Macht des Herrschers mit ihren Symbolen und den Ritualen ihm zu Ehren. Sie »gehörten« ihm, und er hatte dafür, dass sie ihm mit Leib und Leben verpflichtet waren, sich um ihr Wohlergehen zu kümmern. Preußen folgte darin dem Beispiel Englands und Frankreichs. Die Ehre des Soldaten war die Ehre des Herrn. Friedrich II. nahm das ernst.

Militär und Administration, diese beiden Pole preußischer Herrschaft hatten seit der Zeit des Großen Kurfürsten feste Formen angenommen. Nichts ging mehr ohne »Instruktion«. Und so war nicht nur die Ausstattung des Komplexes »Invalidenhaus« genau bestimmt, von der Zahl der Lazarettbetten, nämlich sechsunddreißig, bis zur Festlegung, wann die Wäscherin eine der Wärterinnen zu Hilfe nehmen darf. Es gab eine Mühle auf dem Gelände, die Geistlichen wurden bezahlt, erhielten Wohnung und Holz und hatten zu festgelegten Zeiten ihre Pflichten zu erfüllen. Die Bewohner sollten selbst Holz schlagen, die Felder bestellen und das nötige Geld für den Unterhalt erwirtschaften.

Dazu aber waren die wenigsten noch imstande. Sie waren selten zu Hause gewesen, sie hatten kaum Gelegenheit gehabt, sich auf dem Feld, im Wald oder am Bau zu betätigen. Das Leben in Kasernen und in Zelten erforderte andere Fähigkeiten als die Sorge um Wirtschaftlichkeit und Behaglichkeit mit Frauen und Kindern.

Wurde denn exerziert? Neben der Maulbeerplantage war ein großes »Wachtfeld« angelegt, daneben die Scharfrichterei und das »Galgenfeld«, was den militärischen Charakter der Einrichtung betonte, auch wenn sie vornehmlich verdiente Veteranen aufnahm, zur Ruhe nach den Schlachten.

Der »Invalidenfriedhof« stand am Ende der bewegten Kurve von Auf- und Abstieg eines Soldatenlebens. Die Bewohner des Invalidenhauses wurden beinahe täglich Zeugen feierlicher oder stiller Begräbnisse. Vielleicht war das eine lebenserhaltende Rolle. Wie in Shakespeares Trauerspielen, wenn die Großen abtreten und die Übrigbleibenden über das Erlebte reden: Sie, die Kleinen, »räumen auf«. Sie sind die Klagenden, die Wissenden, die aus dem Haus herbeieilen, wenn ihr König Friedrich II. das Pferd anbindet und zu den Gräbern geht. Sinnend, so wird berichtet, habe er viele Male allein eine Stunde und mehr Zeit auf dem Friedhof zugebracht, gegenwartsvergessen im Bund mit denen, die er hatte schonen wollen und doch verlor. Die Kriege sollten Gewinne für die Zukunft bringen, doch sie beschwerten ihn. Hier fand er Ruhe vor den neuen Bedrängnissen.

Der »Preußenkönig«

Er war kein Krieger, der Stifter des Invalidenfriedhofs. Sein Vater, Friedrich Wilhelm I., schien ihm lange Zeit kein wirklicher »Soldatenkönig«, den er sich liebevoll wünschte und nicht von der gebieterischen Strenge des unerbittlich strafenden, gewalttätigen Tyrannen. Er verzieh ihm nicht die grausame Hinrichtung seines Freundes Hans Hermann von Katte, der mit ihm hatte fliehen wollen, beide von Freiheitsgedanken beseelt. Friedrich verachtete die Grobheiten des Vaters, das ständige Kalkulieren und Reglementieren, die Sparsamkeit und den Mangel an Bildung. Während des Strafarrests in Küstrin durfte er weder Musik hören noch Flöte spielen und auch keine Bücher außer der Bibel lesen. Was der Vater als schädlichen Luxus ansah – so auch die universale Gelehrsamkeit des Philosophen und Mathematikers Gottfried Wilhelm Leibniz, häufiger Gast im Schloss Charlottenburg –, war dem Sohn heilig. Ein Scheusal schien ihm dieser König, nicht ernst zu nehmen trotz seiner Erfolge, lächerlich im Zorn, wenn er zuschlug wie ein Verbrecher, hassenswert in seinem Misstrauen und dem Willen, jeglichen Gehorsam zu erzwingen. Er duldete keinen Widerspruch und keinen Eigensinn, während doch seit den Zeiten des Großen Kurfürsten Toleranz das höchste Gebot war. Toleranz in Glaubenssachen und Erkenntnis. Nun aber beugte man sich und spielte den gehorsamen und ehrerbietigen Diener, so wie es Friedrich II. in seiner Jugend ängstlich tat, mit Bitterkeit im Herzen, verlogen und freudlos.

Und doch, am Ende, wenige Stunden vor seinem Tod, sagte Friedrich Wilhelm seinem Nachfolger unter Tränen: »Ich habe dich immer väterlich geliebt, auch wenn ich streng gegen dich war.« Friedrich, der das detailliert ausgearbeitete Testament des Vaters gelesen hatte, überwand seinen Groll. Die letzten Instruktionen wiesen das große Ordnungsgebäude preußischer Politik, an dem der Vater so intensiv gearbeitet hatte, als festes Fundament aus: Die Armee gut ausgestattet, ein penibel arbeitender Staatsapparat, Beamte und Diplomaten mit ausgewiesenen Funktionen, Schulen in allen Landstrichen, denn nach Meinung des Monarchen gehörte es zum »Christsein«, lesen und schreiben zu können.

Sichtbar war Berlin gewachsen, eine Residenzstadt mit repräsentativen Bauten, darunter Adelspalais, zu deren Errichtung der König seine Höflinge gezwungen hatte. Er war stolz auf den

Gendarmenmarkt und hatte die Harschheit seiner Befehle – »Ihr habt Geld, also baut!« – nie bereut. Er holte Zuwanderer ins Land, verteilte Brachflächen und verlassene Höfe und ließ sein Volk hart arbeiten, so wie er selber arbeitete, ohne Schonung und Pardon. Friedrich der Große hat die Stärken seines Vaters erst viel später, als er selber das Joch des Regierens spürte, erkannt: »Welch ein schrecklicher Mann! Aber auch welch gerechter, kluger und sachkundiger Mann! Sie können sich nicht vorstellen, welche Ordnung er in alle Verwaltungszweige gebracht hat. Kein Fürst erreichte ihn in der Fähigkeit, in die geringsten Kleinigkeiten einzudringen. Und drang in sie ein, um, wie er sagte, alle Teile der Staatsverwaltung auf den höchsten Grad der Vollkommenheit zu bringen. Nur durch seine Sorgen, seine unermüdliche Arbeit, seine von peinlicher Gerechtigkeit erfüllte Politik, seine große und bewundernswerte Sparsamkeit und die strenge Manneszucht, die er in dem von ihm geschaffenen Heer einführte, nur dadurch sind meine bisherigen Leistungen ermöglicht worden.« Friedrich Wilhelm I. hatte die jungen Männer ohne Verdienst und Besitz – und davon gab es genug – von der Straße in die Kasernen geholt. Der feste Platz, wenn auch von noch so geringem Rang, und die schmucke Uniform in prachtvollem Blau gaben ihnen Mut und Selbstachtung. Er setzte die Kinder bis zum zwölften Lebensjahr auf die Schulbank, und er zahlte pünktlich Sold, wem Sold gebührte. In seinem Testamentsbrief an den Sohn hatte der König auf die Notwendigkeiten hingewiesen, Kirchen und Schulen zu bauen, den Armen zu helfen, die Manufakturen zu vermehren und damit die Steuereinnahmen. »Kurfürst Friedrich Wilhelm«, so heißt es im letzten Willen des »Soldatenkönigs«, »hat eine rechte Blüte in unser Haus gebracht. Mein Vater hat die königliche Dignität geschaffen. Ich habe Land und Armee in Ordnung gebracht. An Euch, mein lieber Successor, ist es, das, was Eure Vorfahren geschaffen haben, zu erhalten, und die Länder, auf die wir Anspruch haben, zu gewinnen, da sie unserm Haus von Gott und Rechts wegen zustehen.«

Dass nicht alles so gut war, wie es nach diesen Worten den Anschein hatte, wusste der Sterbende wohl. Nicht nur die Schulen
beschäftigten ihn. Wer lesen und schreiben konnte, sollte auch das
Recht, das im Lande herrschte, verstehen können. Dieses Recht
und seine Gesetze müssten neu formuliert und kommentiert
werden, meinte er nun. Neben der Schulpflicht sollte ein »Allge-
meines Landrecht für Preußen« Verbindlichkeiten und Über-
sichtlichkeit für alle schaffen.

Der »Successor« hatte auf sein Volk, auf den Kaiser in Wien und
die Reichspolitik zu achten, vor allem aber auf die europäischen
Mächte mit ihren wechselnden Interessen. Alles schien instabil,
die Freundschaften, die Bündnisse. War es den Architekten gelungen, in Berlin Häuser über einem Fischteich zu bauen, wie
König Friedrich Wilhelm I. in starrköpfiger Uneinsichtigkeit
befahl, so brauchte die Organisation eines dauerhaften Friedens
nun doch ein umfassenderes Programm.

Längst hatte Friedrich II. sich auf seine Aufgaben vorbereitet.
»König *von* Preußen«, das war nach den beiden Schlesischen
Kriegen unumstößliche Realität, auch für die europäischen
Mächte. Österreich fand sich nur schwer mit der preußischen
Expansion ab, und die nachfolgenden Kriege, in denen Maria
Theresia von Österreich und Friedrich II. von Preußen als
Hauptfiguren, beide seit 1740 an der Herrschaft, die diploma-
tischen, politischen und militärischen Kräfte in wechselnden
Bündnissen in Bewegung setzten, kosteten viele Tausend Men-
schenleben, von Russland bis Spanien und von Frankreich bis
Österreich. Polen hatte am meisten zu leiden.

Nicht nur Militärisches
Jetzt ging der Bau des Invalidenhauses mit allen Nebeneinrich-
tungen zügig voran. Friedrich verzichtete auf alle Fonds oder
ungewisse Geldquellen, sondern gab aus eigenem Vermögen ein-
hunderteinundzwanzigtausend Taler, wovon noch etwas mehr als
eintausenddreihundert übrig blieben, die in die Invalidenkasse

flossen. In einer genauen Instruktion wurden Hausordnung und Verwaltung festgelegt. Darin heißt es, ein Commandant habe die Führung, unterstützt von drei »capitains«, sechs Leutnants, drei Fähnrichen, die wiederum dreißig Unteroffiziere befehligten, denen drei Feldwebel und fünfhundertundsechzig »Gemeine« mit sechs Troubadours unterstellt waren. Eine streng militärische Hierarchie, an die die Insassen – vermutlich auch die Frauen und Kinder – gewöhnt waren.

Im Jahr 1748 wurde der Invalidenkomplex eingeweiht. Das Haus war sogleich ausgenutzt; fünfhundertzweiundzwanzig Personen erhielten hier Wohnraum, darunter einhundertsechsundzwanzig Frauen. Der Friedhof nahm bald viele Tote auf, seien sie evangelischen oder katholischen Glaubens. In den preußischen Heeren dienten seit langem fremde Rekruten unterschiedlicher Religionszugehörigkeit. Auch ihnen gegenüber hatte das sprichwörtliche Toleranzgebot zu gelten.

Nach etwa zwanzig Jahren erwies sich die Stiftung Invalidenhaus als unrentabel. Teile des riesigen Geländes blieben brach oder fielen wieder in den ursprünglichen Zustand zurück. Die Bewohner und die Gärtner wurden der Größe der zu bebauenden »Wüste« nicht Herr. Mehrere Generationen von Berlinern, Cöllnern und Spandauern hatten in früheren Zeiten hier »an der Spree« die Wälder abgeholzt; der lose Sand war schwer zu kultivieren, Erträge gab es nicht.

Deshalb lautete eine königliche Instruktion, man solle das Land parzellenweise verpachten. Die Anlage blieb infolgedessen nicht isoliert. Rege Bautätigkeit herrschte ringsum seit 1769. Zunächst siedelten Gärtner dort, danach Handwerker, Textilhersteller mit ihren Manufakturen, dann Fabrikanten, deren Gebäude mit der Zeit große Flächen benötigten. Pacht, Erbpacht und schließlich Verkäufe reduzierten den Landbesitz des Invalidenhauses auf den zu diesem gehörenden umgebenden Grund und Boden mit dem Friedhof, von dem ebenfalls je ein Stück abgegeben werden musste für einen rein katholischen Friedhof, der kaum benutzt

und wieder geschlossen wurde, für die katholische Hedwigsge-
meinde, für den Dorotheenstädtischen und den kleinen französischen Friedhof an der Chausseestraße. Zu Beginn des 20. Jahrhunderts verloren die Invaliden noch ein großes Stück ihres Parks
an die Kaiser-Wilhelm-Akademie, die, als Ausbildungsstätte für
Militärärzte gedacht, schon nach zwanzig Jahren zweckentfrem-
det war und weit weg von den Bedürfnissen des Invalidenhauses
nacheinander verschiedene Regierungsbehörden beherbergte:
das Arbeitsministerium der Weimarer Republik, eine militärische
Einrichtung der Nationalsozialisten, das Oberste Gericht der
DDR, das »Regierungskrankenhaus«, seit neuestem das Bundes-
ministerium für Wirtschaft.

Der stille, einst entlegene Ort mit dem schattigen Friedhof und
dem Ruheplatz unter der Königslinde Friedrichs des Großen
geriet in den Sog der großen Stadt. Nicht ganz vierzig Jahre nach
der Einweihung hatte die Totenglocke im Invalidenhaus schon
zweitausendeinhundertfünfundsechzigmal geläutet. Für kranke,
verwundete und alte Soldaten. Gewiss wurden auch die Frauen
und Kinder hier beigesetzt, doch vorerst blieben sie namenlos in
der Männergesellschaft, das heißt, ohne eigenen Gedenkstein.

Drei Jahrhunderte haben die Idee dieses Friedhofs in Zusammenhang mit der Institution verändert. Überlegungen, wer hier
begraben sein dürfe und wo, ließen die schlichte Festlegung
Friedrichs außer Acht, nämlich, dass die Gräber »angewiesen«
werden sollten. Die Feldeinteilung, die Nachbarschaften, wie
wenn es sich um Straßen und Häuser handelte, wurden wichtig.
Schon kam der Vorschlag, eine Art Walhalla für die Verdientesten
einzurichten, hier oder woanders. Und die Liste der Toten auf
diesem Friedhof, so unvollständig sie ist, nennt die vornehmsten
Namen der preußischen Armeen, hoch dekorierte Offiziere, oft
mehrere Generationen derselben Familie. Aus der Begräbnisstätte für die Bewohner des Invalidenhauses wurde im Laufe der
Zeit ein Familienfriedhof für hohe Militärs, später kamen noch
angesehene Bürger – meistens Beamte – dazu. Sie alle gehörten

zur »Invalidenhausgemeinde«, die sich bis 1920 hielt und aus Stiftungen finanzierte, aber als »Zivilgemeinde« den Rahmen der ursprünglichen Einrichtung sprengte, denn sie zählte an die sechsundzwanzigtausend Mitglieder. Für so viele Menschen war weder in den beiden Kirchen noch auf dem Friedhof Platz. Neue Kirchen wurden gebaut, die Invalidenhausgemeinde splitterte sich auf. Nur wenige besuchten noch die zum Haus gehörigen Kirchen, und sie ließen sich auch auf dem Friedhof ihrer neuen Gemeinde bestatten. Dadurch ordnete sich die Institution Invalidenhaus wieder neu. Im Stein-Hardenberg'schen Reformwerk wurde dann der Friedhof als unteilbares Stück Land deklariert und dadurch vorerst in seinem Bestand von 1824 gesichert.

»Neue Weltzustände«

Der Historiker Johann Gustav Droysen schrieb in seinem Buch *Preußen und das System der Großmächte*, es sei den Regenten gelungen, die Liebe und Treue ihrer Untertanen zu gewinnen: »Die Wahrheit dieser Worte ist, dass diesen Gebieten, diesen Volksstämmen, wie sie nun einmal das Schicksal zu einander gefügt hat, diese Einigung durch ihre Macht, ihre Ersprießlichkeit, ihre Entwicklungsfähigkeit werth ist und nicht aufhören darf, immer werther zu werden.« Im Jahr 1847, kurz vor den Aufständen, die er wahrscheinlich nie für möglich gehalten hätte, beteuerte er die neue Geltung des preußischen Staates nach außen hin. »Nicht darin bestand sie, dass man irgendwelche alten Formen und Formeln erneute – die mehr als vierzig märkischen Junker von damals, ein Marwitz an der Spitze, traten umsonst zu solchen Gelüsten auf –, sondern indem der Staat erkannte, dass ›die Vorsehung‹ – so lautete ein Wort der Königin Louise – neue Weltzustände einleite, da die alten sich überlebt haben.« Droysen begrüßte die »neuen Weltzustände«, die er zweifellos zu idealistisch sah. Er sprach von der »Wiedergeburt« des Staates.
Daran mag, aus der Sicht des 19. Jahrhunderts, etwas wahr sein. Jedenfalls schienen die angestrebten Ordnungen relativ stabil.

Eine gewisse Verträglichkeit von Militär- und Zivilgesellschaft hatte sich eingestellt.

Begräbnisstätte auch für die »Zivilgemeinde«
Der Invalidenfriedhof, auf dem so viele hohe Repräsentanten des preußischen Staates und seiner Macht bestattet sind, ist trotz der ausgewiesenen militärischen Dekorationen vieler Herren kein vom Militär dominierter Ort. Eine Art Familientreffen scheint es für manche zu sein, und auch eine beeindruckende Versammlung von Intellektuellen. So treffen wir auf den protestantischen Theologen und Philosophen Ernst Troeltsch, dessen *Soziallehren der christlichen Kirchen und Gruppen* von 1912 in Heidelberg entstand, wo er Professor für Systematische Theologie war und in lebhaftem Austausch mit den Soziologen Max und Alfred Weber stand. Beide Brüder kamen aus der Berliner Schule der Nationalökonomie. Wie sie bezog auch Troeltsch andere, insbesondere neue Disziplinen wie die Soziologie und die Psychologie in seine Betrachtung ein. Die Nähe zu Max Weber und dessen Protestantismusforschungen zeigte sich in seinem Buch *Die Bedeutung des Protestantismus*. Die moderne Welt und das Phänomen der Revolutionen seiner Zeit beschäftigten ihn ausdauernd, seit er von Heidelberg Abschied nahm und an die Universität Berlin ging.
Berlin war nach seinem Herzen. Er übernahm ein Amt im Preußischen Ministerium für Wissenschaft, Kunst und Volksbildung, war Mitglied der Akademie. Als er 1923 nur achtundfünfzigjährig starb, galt er als ein reger, oft unbequemer Kritiker der Politik, die inzwischen fast alle Lebensbereiche erfasst hatte, von denen er einige, auch den protestantischen Raum, gerne für mehr Vergnüglichkeit reserviert hätte.
Das alte Grabmal von Ernst Troeltsch war ein mächtiger, hoch aufragender Naturstein, mit dem Namen ohne Titel beschriftet. Er fiel den Einebnungsmaßnahmen der Mauer- und Grenzbauer der DDR zum Opfer. Eine einfache Platte kennzeichnet jetzt das Grab, Feld B.

In der Nähe steht das hoch auf einen imposanten schwarzen Sockel gestellte Kreuz für den Generalintendanten der Königlichen
Schauspiele Georg Graf von Hülsen-Haeseler, dem Troeltsch
gewiss oftmals begegnet ist. Er starb ein Jahr früher als der allseits
geachtete und berühmte, streitbare Professor.

Der andere bedeutende protestantische Theologe, Wolf Wilhelm
Graf von Baudissin, ruht unter einem schwarzen, unverzierten,
gerade aus dem Marmor herausgehauenen Kreuz in einer idylli-
schen Ecke neben anderen, deren Gräber mit Kreuzen gleicher
Höhe versehen sind.

Gefallen auf dem Felde der Ehre
Die Totenliste nennt auffallend viele Gefallene des Ersten und des
Zweiten Weltkrieges, darunter eine Reihe von Fliegeroffizieren,
deren Geschichten verdeutlichen, welche Anziehung die Flie-
gerei auf junge Abiturienten und Absolventen der Militärakade-
mien hatte. Nicht nur Ernst Udet und Werner Mölders, zwei der
bekanntesten Flugzeugführer der ersten Kriegsjahre, sind hier
beerdigt, auch Manfred Freiherr von Richthofen, Kommandeur
des Jagdgeschwaders, abgestürzt nach vielen »Luftsiegen« in
Frankreich 1918, hatte hier sein Grab, ausgewiesen durch einen
rechteckigen hellen einfachen Stein, versehen nur mit dem
Namen. Als die Berliner Mauer den Friedhof zu durchqueren
drohte und eine breite Schneise als Sicherheitskordon gezogen
wurde, nahm die Familie ihren Toten mit nach Heidelberg in die
Familiengruft auf dem Bergfriedhof.

Ein hohes schwarzes Kreuz aus Gusseisen, wie sie in der Zeit der
in der Umgebung aufblühenden Eisenindustrie häufig angefer-
tigt wurden, ist Friedrich Friesen gewidmet. Ein heller, leicht
geschwungener Innenrahmen, der an den Ecken Platz lässt für
biedermeierliche Knospenverzierung, ist mit einer Inschrift aus-
gefüllt. Der nur Achtundzwanzigjährige war Lieutenant und
Adjutant im ehemaligen Lützowschen Freicorps und ist bei
Lobbe in Frankreich am 15. März 1814 »geblieben«.

Den vielen Gefallenen aller Kriege war eine im von Lenné entworfenen Invalidenpark aufgerichtete Säule gewidmet. Damit konnten die geehrt werden, die in den friderizianischen Kriegen umgekommen waren, aber auch die Märzgefallenen von 1848. Diese Säule wurde nach 1945, als im Zusammenhang mit der Sprengung des Berliner Schlosses alles Preußisch-Militärische abgebaut werden sollte, zerstört. Sie war wohlproportioniert mit ihrem Sockelfries, dem geschlungenen Blattkapitell und dem wunderbar frei schwingenden Adler, den betrachtende Kinder damals »freundlich« fanden, ein Denkmal, das allen galt und Ehrenhaine überflüssig machte.

Ehrenhafte Namen …

Der am häufigsten vorkommende Name ist »Winterfeldt«. Fast nur Männer sind hier, auf verschiedenen Feldern, begraben, fast alle Generäle und wahrscheinlich Abkömmlinge des berühmten Hans Carl von Winterfeldt, auch er ein General und enger Freund Friedrichs des Großen. Er lebte von 1707 bis 1757. »Militärschriftsteller« heißt es von einigen hohen Offizieren. Das Schreiben von Memoiren und Traktaten war eine beliebte Beschäftigung von Generälen in Friedenszeiten, vor allem im 19. Jahrhundert. Franz von Zychlinsky zählt dazu. Er gehörte zur Familie des Adolf von Zychlinsky, der als Major a. D. seine Zeit nutzte, die Bibel in die Blindenschrift zu übertragen. Erblindung war ihm wahrscheinlich in seiner Militärzeit oft begegnet. Man sprach nicht viel über die Art der Verwundungen durch den Krieg, auch nicht im Invalidenhaus.

Auf alten Fotografien ist das Ensemble der oft einander zugewandten Grabsteine zu sehen, von denen es nur noch wenige gibt. Alte Namen, Schlieffen, Witzleben, Zastrow, Pirch, Prittwitz und Gaffron, Moltke, Trotha, Geyer von Schweppenburg, Hanstein, Dohna und viele andere wecken Erinnerungen und assoziieren mit dem Schicksal dieses historischen Ortes vor allem Berliner soziales Leben. Denn sie alle, die hier beieinander liegen,

Gustav Eltschig

geb. am 17. Januar 1850 - gest. am 25. Mai

haben in dieser Stadt wenigstens zeitweise gelebt, hatten Freunde, flanierten Unter den Linden und gingen durchs Brandenburger Tor. Viele sind einander begegnet.

... und unehrenhafte
Einige Gräber mussten von diesem Friedenshain entfernt werden. Nazi-Größen: Reinhard Heydrich, Horst Wessel und andere. Sie wurden wahrscheinlich wegen der Nachbarschaft hoher Militärs in preußischen Diensten und der Gefallenen des Ersten Weltkrieges hier beigesetzt. Auch wollten die Nationalsozialisten einen Ehrenhain aus dieser Stätte machen. Nach dem Ende des Dritten Reiches wurden diese Gräber aufgelassen und die Leichen den Familien übergeben.

Hoffnung über die Zeitläufte hinweg
Den Trost darüber, dass der ewige Friede auf diesem Fleck Erde so nachhaltig gestört war, gibt eine der Inschriften auf dem erhaltenen Grabmal für Michael Lodewig Diezielski, der von 1708 bis 1779 lebte und als Oberst Kommandant des Invalidenhauses war. Da heißt es: »Es wird gesaet verweslich / und wird auferstehen unverweslich. / Es wird gesaet ein natürlicher Leib / und wird auferstehen ein geistlicher.« Ein Baum wird immer wieder grünen.

VII *Der Französische Friedhof*

« philosopher c'est apprendre à mourir »
Montaigne

Philippe de Commynes, Diplomat und kluger Beobachter seiner Zeit, des 15. Jahrhunderts, riet in seinen Memoiren den Fürsten, sie sollten einander niemals »sehen«, wenn sie ein hohes Amt bekleiden. Entweder lieben sie einander, meinte er, oder sie hassen sich, oder sie haben sich nichts zu sagen. In jedem Fall ist keine klare Entscheidung und keine erfolgreiche Verhandlung mehr möglich. Fürsten sollten auf die Berichte anderer achten und kluge Gesandte haben.

Das war vor allem an den Burgunderherzog Karl den Kühnen gerichtet, den er lange begleitet hatte, aber auch an Ludwig XI., König von Frankreich. Die beiden waren miteinander aufgewachsen und tief verfeindet. Commynes wechselte über Nacht die Seite und ging nach Paris, wo er eine bis ins kleinste ausgetüftelte Politik beobachtete. Geld als Mittel von Bestechung, raffiniert getarnte Morde und Intrigen aller Art bestimmten die Regierungsgeschäfte, die bei allem Kalkül selbst unberechenbar blieben. Jahrhundertelang war das so.

Der Rat an die Fürsten, einander nicht zu begegnen, sondern zu handeln, fiel auf fruchtbaren Boden. Ähnliches hatte ja auch Machiavelli gesagt, und als Frankreich von dem vierzehnten Ludwig regiert wurde, dem Sonnenkönig, dem nicht nur alles zufiel, der sich nahm, was er begehrte, zeigte sich, wie klug solche Zurückhaltung war. Der Krieg hätte sich noch mehr ausgeweitet, noch mehr Hass wäre entstanden, und ganz Europa wäre wahrscheinlich in die gnadenlosen Auseinandersetzungen gezogen worden, die jetzt in Frankreich stattfanden. Dieser Ludwig XIV. widerrief das Edikt, das Religionsfreiheit garantierte, und zerstörte mit einem Streich den mühsam und in langen Kämpfen und Kriegen gewonnenen Frieden in seinem Land. Die mörderischen Auseinandersetzungen zwischen Katholiken und Reformierten, die sich »huguenauds« nannten, wahrscheinlich nach den eidgenössischen Calvinisten, den »aignos«, waren in Paris nach Jahrzehnten nicht vergessen, nicht die Bartholomäusnacht, in der die Reformierten unter den Adligen und unzählige ihrer Anhänger umgebracht wurden, an die dreitausend allein in Paris und Umgebung, zehn- bis zwölftausend in den Provinzen. Das war im August 1572. Flüchtlinge wurden in den Niederlanden, in England und in der Schweiz aufgenommen. Eine Generation später schon gab es erneut Auseinandersetzungen zwischen dem katholischen Staat und der hugenottischen »Partei«, die sich in den Städten betätigte.

Die Ideen des Erasmus von Rotterdam über Toleranz und Frieden waren von französischen Literaten aufgenommen und weitergedacht worden. Nicht Paris, sondern Lyon hieß die Stadt der Bücher. Dort standen die meisten Druckereien, und Schriftsteller wie Rabelais verbreiteten ihre als aufmüpfig, gleichwohl »reformiert« angesehenen Werke, die zugleich mit Gebet- und Gesangbüchern, Bibeln, ermahnenden Texten, alle in französischer Sprache, und Übersetzungen griechischer und römischer Klassiker verbreitet wurden. Eine anregende, eloquente, wissensdurstige Szenerie, in der der Streit um die Religion zivile Formen annahm.

Das Edikt von Nantes von 1598 hatte den Reformierten schließlich Religionsfreiheit und Zugang zu Ämtern und Würden garantiert. König Heinrich IV. von Navarra begünstigte die wirtschaftlichen Bestrebungen der Hugenotten; er gehörte zunächst selbst zu den Reformierten, trat aber dann unter dem Druck der Verhältnisse wieder zum Katholizismus über.

Die Rechtschaffenheit der Hugenotten hatte Frankreich zur Ruhe und zu einigem Wohlstand gebracht, bis Heinrich IV. von einem Katholiken ermordet wurde. Ludwig XIII. folgte, mit dem zähen Strategen Kardinal Richelieu zur Seite. Frankreich bedrängte Habsburg, kämpfte gegen das katholische Spanien und schließlich im Dreißigjährigen Krieg um die Religion auf schwedisch-protestantischer Seite.

Staat gegen Religion: Absolutismus pur

In Frankreich aber begann noch vor dem Ende des langen europäischen Krieges die Reglementierung aller staatlichen Angelegenheiten und der Wirtschaft. Perfekter Absolutismus, straff organisiert bis in die letzte *seigneurie* hinein. Alle Wege führten nun nach Paris und Versailles, selbst Rom war weit weggerückt. Ein stehendes Heer und eine fast ebenso umfangreiche Schar von Beamten aus ganz Frankreich sammelten sich um den Monarchen, dessen Rechnung eine Zeit lang aufzugehen schien.

Die Hugenotten hatten sich eine strenge Kirchenordnung gegeben, die den Zusammenhalt stärkte und auf die Dauer mit der katholischen Staatsautorität des allerchristlichsten Königs in Konflikt geriet. Kriege, Verfolgungen und schließlich die Aufhebung voriger Toleranzedikte machten aus bis dahin staatstreuen Reformierten Rebellen.

In Herrscherpose verhielt sich Ludwig XIV., von Jesuiten beraten, und so widerrief er kurzerhand und ein für allemal am 18. Oktober 1685 das Edikt von Nantes. Schon lange von anderen europäischen Mächten beobachtet, manchmal auch bewundert wegen des Glanzes seines Hofes, musste er zumindest mit heftigen diplomatischen Demarchen aus dem Ausland rechnen. Dennoch wird ihn überrascht haben, was Friedrich Wilhelm von Brandenburg, genannt der Große Kurfürst, drei Wochen später

an die französischen Reformierten schrieb, mit einer beein-
druckenden Reihe von Titeln, jede Herrschaft genannt, wie es
in öffentlichen Schriftstücken mit Normcharakter üblich war:
« NOUS FREDERIC GUILLAUME, par la Grace de Dieu,
Marggrave de Brandebourg, Archi-Chambellan & Prince Elec-
teur du St. Empire, Duc de Prusse, Magdebourg, Juillers, Cleves,
Bergues, Stettin, Pomeranie, des Cassubes, Vandales & Silesie,
de Crosne & Jägerndorff, Burckgrave de Norimberg, Prince de
Halberstad, Mine & Camin, Comte de Hohenzollern, de la
Marck & Ravensberg, Seigneur de Ravenstein, Lawenburg &
Butow. Faisons scavoir & donnons à connoitre â tous ceux qui ces
presentes lettres verront, »
Der Kurfürst, den die Nachwelt bis heute noch den »Großen«
nennt, verfasste mit dem, was er als »Briefe« ausgab und allen
kundtat, die das Schreiben lasen, ein »Edikt von Potsdam«, in dem
er den Reformierten, die gezwungen waren, ihre Heimat zu verlassen, und die »um des Evangeliums willen leiden«, eine sichere
Bleibe in allen seinen Herrschaftsgebieten anbot, seinen Schutz
und die Garantie freier Religionsausübung.
Fünfzehntausend französische Reformierte folgten der Einladung des Kurfürsten, der selbst calvinistisch war, wie viele seiner
Beamten auch. Die Zeit des »cuius regio, eius religio« war vorbei. Hatten die Lutheraner noch vor nicht langer Zeit gegen die
strengen Berliner Calvinisten protestiert, die ihnen die Bilder und
auch das Kreuz wegnehmen wollten, die zum Abendmahl nicht
die Oblate nahmen, sondern ein Brot, das gebrochen und verteilt
wurde, die Tischgemeinschaft symbolisierend, so entschieden
inzwischen der Kurfürst und seine Nachfolger die Frage der
Religion für sich selbst und ließen den Untertanen die Ihre.
Die Toleranz zahlte sich aus, auch wenn es eine ganze Weile dau-
erte, bis Katholiken und Lutheraner die Haltung ihrer Obrigkeit
akzeptierten. Beamte und vor allem Hofprediger sorgten für
Verständigung zwischen den Religionen und dem lutherischen
Adel und dem Haus Brandenburg. Die Calvinisten, die in so

großer Zahl nach Berlin kamen, ergriffen nicht nur die wirtschaftlichen Chancen, die sich boten. Sie stellten binnen kurzem eine neue bürgerliche Schicht erfolgreicher Händler, Unternehmer, Handwerker. Sie sorgten für Schulen und Bildung, brachten Musik und Literatur ins Land und aufstrebende Intellektuelle, als Beamte geeignet. Sie trafen auf vertraute Mentalitäten und große Hilfsbereitschaft. Die mehr als fünftausend, die sich in Berlin niederließen, waren als »französische Kolonie« willkommen und bald mitten im Berliner Gewimmel.

Schon hatten sie einen Ort, wo sie sich versammeln konnten, die »Französische Kirche auf der Friedrichstadt«, ein einfacher, schmuckloser Bau, von den Berlinern »Scheune« genannt, zunächst ohne Turm. Später kam ein siebzig Meter hoher Turm hinzu, der sechzig Glocken fassen musste, ein Carillon von fünf Oktaven, mit dem nach niederländisch-französischer Art prachtvolle Glockenspielkunst über eine Klaviatur ausgeführt wurde. Die Kuppel hat Friedrich II. den Hugenotten geschenkt. Heute verbergen sich darin die »Turmstuben« zur Rekreation nach der Besteigung, und von Aussichtsbalustraden blickt man über die Stadt.

Ein lebhafter Kulturaustausch fand statt. Königliche Druckereien brachten französische Texte heraus, lateinische Werke wurden übersetzt und in Frankreich gedruckt, so das *Naturrecht* von Samuel Pufendorf, dessen Ruhm über Paris wieder nach Berlin zurückkehrte. Das Collège Royal entstand und mit ihm eine Bildungsschicht, die Schlüters Akademie der Künste besuchte und an Leibnizens Philosophie, an Literatur, Sprache und Musik teilhatte. Als die Akademie der Wissenschaften ihre Tore öffnete, war schon etwa ein Drittel der Gründungsmitglieder Hugenotten. Französisch wurde die Sprache der internationalen Korrespondenzen, von Leibniz selbst gefördert, der sich lange in Paris aufgehalten hatte und dessen Bücher entweder in Latein oder Französisch erschienen. Das Beispiel Hollands, wo Toleranz und Humanismus der calvinischen Lehre ihre Unerbittlichkeit nah-

men, mag schon den großen Kurfürsten, später wohl auch die
ersten preußischen Könige bewogen haben, die Religion nicht
zur Staatssache zu machen. Die Einheit von Lebensführung,
Berufsethos und religiösem Ernst traf sich mit der zaghaft be
ginnenden Aufklärung und gab ihr im 18. Jahrhundert entschei-
dende Impulse.

Voltaire
Der Rest war Militärisches mit Zwang und Grausamkeit. So sah
es der Philosoph und Literat Voltaire, der von 1750 bis 1753 auf
Einladung Friedrichs des Großen in Berlin lebte und an der
berühmten Tafelrunde in Sanssouci teilnahm. »Die Geschichte
der Völker ist nur Mord und Totschlag«, schrieb er, und: »Es ist
gewiss eine schöne Kunst, die darin besteht, die Ländereien zu
verwüsten, die Behausungen zu zerstören und durchschnittlich
im Jahr von hunderttausend Menschen vierzigtausend hinzu-
schlachten.« Voltaire wusste, wovon er sprach. Er hatte die Kriege Ludwigs XIV. erlebt und die Schlachten des preußischen
Königs Friedrich, den man später »den Großen« nannte, was der
Beobachter aus Frankreich wahrscheinlich ganz unangemessen
gefunden hätte. Nichts anderes als Kriegshandlungen fand er
überall in Europa. Die stehenden Heere demonstrierten den
Machtwillen der Herrscher.
Voltaire schrieb gegen die Intoleranz, die er auch bei seinem
scheinbar so freundlichen Gastgeber, dem preußischen König, in
hohem Maße und allen Grundsätzen widersprechend feststellen
musste. Auch ihn selbst traf diese Intoleranz, gepaart mit Misstrauen, wieder und wieder. Immerhin war er kein Hauslehrer,
sondern seit langem Mitglied der berühmten Académie Française
und hatte die Geschichte Heinrichs von Navarra geschrieben. Er
war schon Gast am englischen Hof gewesen, als er, wegen seiner
freien Kritik an den französischen Zuständen, kurze Zeit inhaftiert wurde und dann Frankreich hatte verlassen müssen. Er war
gerne nach Preußen an den Hof gekommen.

»Fanatismus gegen Fanatismus ist sinnlos«, befand er, der Jesui-
tenzögling. Seine Neider in Paris nannten den früh Berühmten
»das dreisteste und verrückteste Lügenmaul, das je existiert hat«.
Sie verstanden nicht, dass er um eine andere Geschichtsschrei-
bung bemüht war, die nicht Heldenverehrung betreibt. »Alle Welt
ruft, ›Friede, Friede!‹, und alle führen Krieg bis zur Erschöpfung«,
schrieb er.

Dass die großen Hoffnungen enttäuscht wurden, die Voltaire auf
Friedrich II. gesetzt hatte, den er für »aufgeklärt« hielt, was er ja
in gewissem Maße auch war, machte ihn bitter. Er wollte nichts
Halbes mehr. Es klingt fast wie Hohn, wenn er den preußischen
König als einen philosophischen Fürsten preist, »der immer zur
rechten Zeit Schlachten wie Opern gibt«. Nachdem er preu-
ßisch-militärischen Geist mit allen Ableitungen und Aggressio-
nen und Intrigen kennen gelernt hatte, war seine Abneigung
gegen den Krieg unüberwindlich. Er hielt ihn schlicht für »ver-
nunftwidrig«, und das war im Zeitalter der Vernunft eine harsche
Kritik.

Andererseits legte er Friedrich dem Großen einen gemeinsamen
Kreuzzug mit Maria Theresia und Katharina von Russland gegen die Türken nahe, weil er den Gedanken schwer ertrug, sein
geliebtes klassisches Athen unter der Herrschaft des Halbmonds
zu wissen. Später besann er sich und schlug den Bau einer
Moschee vor, wie er auch Kirchen für die Jesuiten hatte errichten
wollen. Der Philosoph erlaubte sich eben zuweilen Gefühle, die
geeignet waren, den Gedankengang zu durchbrechen.

Das Verhältnis zu Friedrich war gespannt. Doch blieb er stets um
Gerechtigkeit bemüht, trotz der Kränkung, die er durch seine
Verhaftung und die ihn empörende Durchsuchung seiner Ma-
nuskripte am Ende seines Aufenthalts am preußischen Hof erfuhr. Friedrich erschien ihm so intolerant wie sein Vater.

Toleranz gegen Intoleranz – ein ewiges Thema, an dem Voltaire
sich verbraucht hatte. Seine Ansprüche waren hoch, das Volk
liebte ihn dafür. Als er am 30. Mai 1778 vierundachtzigjährig in

Paris starb, verboten die Zensurbehörden den Journalen Nachrufe und Berichte über den Dichter und Philosophen. Berühmt als scharfer Kritiker des Regimes, Kämpfer für die Rechte der Armen und Anwalt der Vernunft gegenüber jeglicher Art von Despotismus, war er von der Obrigkeit gefürchtet. Während der Aufführung seines letzten Theaterstücks *Irène* waren Tausende von Menschen zusammengeströmt. Das Volk, das nichts von Philosophie verstand, jubelte dem zu, der für sie das Wort ergriff. Jetzt, als er tot war, fürchteten die Behörden die Trauer der Leute, die gewiss größer sein würde, als wenn der König gestorben wäre.

Ertrug die Monarchie in Frankreich die Trauer um den Dichter nicht? Intoleranz unterdrückt Gefühle nicht, wohl aber deren Äußerung oder − worauf Zensurbehörden spezialisiert sind − Mitteilungen, die sie hervorrufen könnten. Die Pariser erfuhren erst später, als der Leichnam Voltaires längst heimlich bei Nacht und Nebel aus der Stadt geschafft und in der Nähe von Troyes begraben war, dass der verehrte Literat tot war. Zahlreiche Werke hinterließ er. Die meisten wurden verboten, noch ehe sie gedruckt waren. Voltaire: »Die Menschen haben keine Freiheit außer der, ihre Gedanken auszudrücken.«

Die Anwesenheit Voltaires am Hof Friedrichs II. blieb nicht ohne Einfluss auf die geistige Atmosphäre in den Salons, im Theater und in den Akademien. Seine Flucht aus Berlin war eine Niederlage für den König.

Der alte und der neue Friedhof
Die protestantischen Kirchen, die den ankommenden französischen Flüchtlingen ihre Hilfe angeboten hatten, stellten ihre Kirchen für Gottesdienste zur Verfügung und auch ihre Friedhöfe. So bestatteten die Franzosen ihre ersten Toten auf dem alten Domfriedhof am Schloss. Der Deutsche Dom, zwischen 1701 und 1708 für die deutschen Reformierten in Berlin errichtet, steht dem späteren Französischen Dom auf dem Gendarmen-

markt gegenüber wie aus gleichem Stein gehauen, daneben Schinkels Theaterbau. Religion, Kunst und militärische Wache beieinander und in Schlossnähe, wo die riesigen Stallungen hunderte von Pferden beherbergten, bereit für Krieg und Frieden.

Als die Flüchtlinge kamen, war alles noch im Bau. Es musste improvisiert werden. Infolgedessen weiß man kaum etwas über Begräbnisse aus den ersten Jahren. In der Friedrichstädter Kirche, die den Franzosen dann errichtet wurde, bestattete man nur wenige Verstorbene, weil kurz zuvor die Pest wieder aufgetreten und die Angst vor Ansteckung groß war. Der nächste Friedhof lag nahebei und wurde eingefriedet in der Hoffnung auf Dauer. Doch schon nach wenigen Jahren bebauten Anlieger Teile des Geländes, und König Friedrich Wilhelm I. errichtete auf dem Friedhofsgelände einen Pferdestall, weil er offenbar für noch mehr Soldaten Schlachtrösser brauchte. Und Friedrich der Große selbst nahm der Französischen Gemeinde noch den Rest ihres Begräbnisplatzes, obwohl sein eigener Freund Charles Etienne Jordan dort begraben war, unter einem Marmordenkmal mit der Inschrift: »Cy git Jordan, l'ami des Muses et du Roi«. Jordan war Vizepräsident der Königlich Preußischen Akademie.

Damals, 1780, entstand ein eigener Friedhof für die französisch-reformierte Gemeinde. Er ist dem Dorotheenstädtischen Friedhof an der Chausseestraße benachbart, mit dessen Verwaltung bis heute freundschaftliche Beziehungen gepflegt werden. Eine hohe Mauer grenzt den Friedhof nach allen Seiten hin ab, im Innern schattige Bäume und Gras. Ein Weg teilt das Gelände mittendurch, sodass ein Gehweg entsteht, von dem man überall hingelangt. Schon 1835 war kein Platz mehr für neue Gräber; an der nahe gelegenen Liesenstraße wurde dann ein geeignetes Terrain gefunden.

Der Krieg und der Bau der Mauer haben den Gräbern der Französischen Gemeinde großen Schaden zugefügt. Viele mussten eingeebnet werden, nur kleine Gedenksteine mit Namen erinnern an die Toten. Einige sind ganz verschwunden. Ein melancholischer Anblick die leeren Stellen zwischen grandiosen Monumenten und einfachen, bescheidenen Grabmalen.

Gräber und Grabsteine
Wie auf anderen alten Friedhöfen fallen die großen Sandstein-Sarkophage ins Auge, sieben neben- und hintereinander, die jeweils das ganze Grabfeld bedecken. Sie gehören zusammen und vereinigen Angehörige der Familie Jouanne, von der nur zu erfahren war, dass sie nicht lange in Berlin lebte.
Eigenartig wirklichkeitsnah dagegen die in einer Säulenhalle auf einem unter dem Kopf leicht erhöhten Bett liegende Figur eines Mannes, lebensgroß in Bronze gegossen, zwei kniende Engel zu Füßen, von denen erwartet wird, dass sie die Seele in den Himmel begleiten. Gestorben 1861 noch nicht siebzigjährig, ruht hier der Kaufmann und Kunstmäzen Peter Louis Ravené, dessen Grabinschrift ihn auch »Beschützer der Freiheit des Vaterlandes« nennt, wie wenn er gleich aktiv werden und aufstehen könnte. Es heißt, ihm sei sein Sterbejahr prophezeit worden, als er gerade seine größten Erfolge erlebte und aus kleinen Anfängen eine Eisenfabrikation entwickelt hatte, die Bahnschienen für die Borsig'schen Lokomotiven weit über Berlin hinaus lieferte. Er führte ein offenes Haus, verkehrte mit Berliner Künstlern, deren Werke er kaufte und mit anderen zeitgenössischen Bildern in einer bedeutenden Sammlung hinterließ. Sein Nachfolger im Familienunternehmen war ein Eisenmagnat, schon ein Großindustrieller des 19. Jahrhunderts. Das Porträt des »gisant« Peter Louis Ravené ist überaus fein ausgearbeitet. Im Herbst decken Blätter Gesicht und Hände zu.
Ein Obelisk, wie er seit der Zeit Ludwigs XIV. auch als christliches Symbol für die Nähe zur Sonne häufig auf Gräbern anzutreffen ist, trägt ein Medaillon mit dem Bildnis des Komponisten Franz Bendel, der im Alter von nur einundvierzig Jahren 1874 starb, ein Schüler von Franz Liszt in Weimar, von 1862 an Klavierlehrer an der Akademie für Tonkunst in Berlin. Er war in

Böhmen aufgewachsen, seine Kompositionen sind geprägt von den Liedern seiner Heimat, idyllisch und melancholisch, zugleich tänzerisch bewegt. Eine weibliche Marmorfigur kniet zart und schmal in trauernder Haltung auf dem Grab, die verstummte Lyra kündet vom Ende aller Eingebungen. Das eindrucksvolle Ensemble ist ein Werk von Heinrich Pohlmann aus Berlin.

Französisch die Namen: »Guiscard de Hauteville« steht auf einem Stein, der von einem Erbgrab übrig blieb; etwas weiter »Jean Pierre Frédéric Ancillon«, Prediger und Erzieher König Friedrich Wilhelms IV., Hofhistoriograph und offenbar ein unentbehrlicher Ratgeber in der Außenpolitik, denn man nennt seinen Namen auch in Wien, wo er mit dem Fürsten Metternich die Neuordnung Europas nach dem Wiener Kongress in der so genannten »Wiener Schlussakte« formulierte.

Das imposante Grabmal hat Karl Friedrich Schinkel noch entworfen. Ein schwerer, hoher Sockel aus Quadern trägt den Sarkophag in klassisch römischem Stil, dessen Inschrift die wichtigsten Daten der Vita mitteilt. Ein Medaillon zeigt einen strengen asketischen Kopf im Profil, mit gerader langer Nase, hoher Stirn und energischem Kinn. Voluten an den oberen Ecken lockern die Schwere auf, der Fries unter dem Deckel bringt eine gewisse Leichtigkeit in das erhabene Monument ewiger Vergänglichkeit.

Das Eisen, das in der Industrie in großem Umfang verwendet wurde, regte auch Künstler zu neuen Formen an. Gusseiserne Tore, Treppengeländer, Zäune, Grabkreuze und Denkmäler wurden beliebt.

Ein originelles Grabmal erhielt der ruhmreiche Schauspieler Ludwig Devrient, ein Freund von August Wilhelm Iffland und E.T.A. Hoffmann, beide Literaten und in Berlin bekannt. Devrient kam in Berlin zur Welt, er war der begabte Sohn eines Kleinbürgers, verließ Berlin unentschlossen und versuchte sein Glück an den Theatern in Dessau und Breslau. Iffland überredete ihn zur Rückkehr nach Berlin und zu den großen Rollen. Mit unerwartetem Erfolg spielte er den Shylock aus Shakespeares *Kauf-*

mann von Venedig und den König Lear. Andere Figuren aus dem klassischen Repertoire folgten, aber auch Komödiantisches und Leichtes. Als er 1832 starb, gehörte er zu den bekanntesten Gestalten im alten Berlin. Sein Trauerzug war einer der längsten jener Zeit. Er aber war, wie seine Zeitgenossen meinen, mit sich nicht zufrieden und am Ende verzagt und tief melancholisch.

Auch das gusseiserne Grabmal weckt Schwermut. Festgeschmiedet steht es da auf rechteckigem Sockel in kühlem Klassizismus. Blattverziert die Giebel an jeder Seite, Eichenblätter aufrecht in die Ecken gestellt, oben eine Henkelschale auf hohem Fuß, antikisch und scheinbar unendlich schwer nach unten drückend. Auf einer Seite des Blocks sieht man ein Schwert mit dem Narrenstab hinter Blattranken und die Insignien seines Berufs im Relief dargestellt: die Masken der Tragödie und der Komödie. Auf der gegenüberliegenden Seite der Tod. Ein unzerstörbares Monument. Fester kann Tod nicht sein.

Gusseisern auch das Kreuz für Marie Anne du Titre, geborene George. Der Vater ein Bierbrauer, der Ehemann Textilfabrikant. Sie war in der Berliner Gesellschaft beliebt und ihrer forschen Sprache wegen bekannt. Dem König Friedrich Wilhelm III. sprach sie auf ihre Weise ihr Beileid zum Tod der Königin aus: »Majestätken is jetzt immer so traurig seit den Dod von de hochselje Königin Luwise. Det is ooch schlimm – wer wird nu ooch son Witwer mit sieben unmündige Kinder nehmen?«

»Ein Berliner Originalstück«, so Karl August Varnhagen von Ense, der meinte, man sollte ihre drolligen Bemerkungen sammeln, sie spreche auch »mit Grazie« das Berlinische. Das war ein besonderes Lob, denn das »Berlinische« war ein Gemisch aus vielen Sprachen, und die Gebildeten orientierten sich weder an der Königsfamilie noch an waschechten Berlinern, sondern eher an auswärtigen Gelehrten oder am Schriftdeutsch, das heißt, an Literatur und Philosophie. Fürs Amusement aber war das »Berlinische« immer gut, präzise, knapp und treffsicher, deftig, humorvoll, respektlos, schnell urteilend, auf jeden Fall einzigartig.

Der neue Französische Friedhof

Lessing und Goethe, Kant und Hegel und die Hofprediger, Nicolai und Mendelssohn – üppig die Reihe derer, die die Sprache der Humboldt-Universität und der Akademien prägen sollten und die der königlichen Beamten.

Theodor Fontane trat auf. Eine markante Erscheinung, nicht wegzudenken aus seinem 19. Jahrhundert und aus Brandenburg und dem Berlin des Klassizismus, des aufbrechenden Bürgertums, der großen Theater, der militärischen Strukturen und der Ära eines Bismarck, dessen Reichsfantasien er mit Skepsis begegnete. Von 1819 bis 1898 lebte er, der gesagt hatte, in den Kinderjahren werde der Mann gemacht. Der Vater, Apotheker in Neuruppin, unterrichtete den begabten Knaben selbst durch Erzählungen aus dem Leben und aus der Geschichte. Der berühmte General von Zieten war ihm vertraut wie anderen der Hans im Glück, er erfuhr, warum es Kriege gab und welche für Preußen wichtig wurden, Napoleon beschäftigte ihn, und was gegen ihn sprach, lernte er kennen, ebenso die französische Sprache und ihre Literatur. Als er schließlich in Berlin das Gymnasium besuchte, war er »im Bilde« über die Welt, in die er hineinwuchs. Er wurde Apotheker.

Berlin, Magdeburg, Leipzig, Dresden – es hielt ihn nicht in diesem Beruf. Er schrieb Gedichte, Balladen, Erzählungen, schloss sich, nach Berlin zurückgekehrt, der Gesellschaft »Tunnel über der Spree« an, wo schreibende Bürger und Literaten wie Theodor Storm Texte vorlasen und kritisierten.

Er hatte Erfolg, schrieb für Zeitschriften und Zeitungen, ging für die »Preußische Zeitung« nach London und erprobte sich in einem Genre, für das er wegweisend wurde: Theaterkritik. In England war er während seiner Militärzeit gewesen, besonders London gefiel ihm. Im *Stechlin* lässt er den jungen Woldemar dorthin gehen und schwärmerisch beschreiben, was ihm da so wohl tat, die Stadt als solche, die freien, zurückhaltenden Umgangsformen, der Humor und vor allem das Shakespeare'sche

Theater. *Ein Sommer in London* entstand, und ein späterer Auf-
enthalt bestärkte ihn darin, dass hier die Menschen leichter zu
»finden« seien als anderswo. Shakespeare und Charles Dickens
öffneten ihm Einsichten, die seine eigenen Arbeiten inspirierten.
Seine politischen Berichte, mit denen er den Lebensunterhalt
verdiente, waren in Berlin willkommen. Man interessierte sich für
die Heimat der Tochter des englischen Königs, Viktoria, Gemahlin Friedrichs III., des späteren Kaisers, und England rückte näher
an Preußen heran. Die »Vossische Zeitung« – von der der französische Reisende Victor Tissot um 1875 schreibt, aus einer ein-
zigen Nummer erfahre man mehr über Berlin als während eines
einjährigen Aufenthalts – engagierte ihn für Theaterkritiken. Er
verließ London und wurde in Berlin zu einer Institution.

Seine Balladen, die *Wanderungen durch die Mark Brandenburg*
und die jetzt entstehenden Romane spiegeln das Leben jener
Zeit, den abdankenden Adel wie das unbekümmerte Bürgertum
und die kleinen Leute, die sich abrackern. Und die, die das Sagen
haben, Bismarck vor allem, den er immer wieder heftig kritisiert.
Tissot, in seiner Begeisterung für Berlin gedämpft durch die
Niederlage Napoleons, sieht in der Stadt das Herz und den Kopf
Deutschlands: »... es ist Berlin, das denkt, begreift, überlebt,
anzettelt, kommandiert, führt, das nimmt und gibt, das Recht
und Ruhm verteilt; hierhin strömt das Leben und die Wärme je-
nes Deutschland, das nicht mehr das der unschuldigen Legenden
ist, der rührenden Balladen, der gotischen Träume, der heiligen
Kathedralen, sondern das Deutschland von Blut und Eisen, das
Deutschland der Kanonen, der Kartätschen und der Schlachten.«
Dem wird Fontane zugestimmt haben. Im *Stechlin* beklagt er die
neuen Zeiten, die er »unpersönlich« nennt. Aber die Hochzeit
des Sohnes in der Garnisonkirche freut seinen alten Dubslav. Die
Braut hatte schlicht erklärt, sie hänge an der Armee, weshalb sie
die Berliner Garnisonkirche weit vorziehe. Die Kirche auf einem
Gut ihres Vater sei »bloß ein Schuppen ... Was ihr an der Garnisonkirche so viel gelte, das seien die großen Erinnerungen und

ein Gotteshaus, drin die Schwerins und die Zietens stünden (und wenn sie nicht drin ständen, so doch andre, die kaum schlechter wären) – eine historisch so bevorzugte Stelle wäre ihr an ihrem Trautage viel lieber als ihre Familienkirche, trotz der Särge so vieler Barbys unterm Altar«. Die junge Braut so »preußisch-militärisch« zu sehen entzückte den Bräutigam. Fontane setzt aber noch eins drauf, indem er diesen nach ihrer Meinung über Verbleib oder Nichtverbleib bei der Armee fragen lässt. Sie antwortet lachend: »Nein Woldemar, nicht jetzt schon Abschied; ich bin sehr für Freiheit, aber doch beinahe mehr noch für Major.«

Fontanes Kirchhöfe

»Der Tod … darf uns nicht schrecken. In das Gesetzliche sich schicken, das macht den sittlichen Menschen und hebt ihn.« Der alte Stechlin starb so, auch Effi Briest. Grabstätten werden beschrieben, unheimlich, weil verfallen und zusammenbrechend in *Unwiederbringlich,* schön, idyllisch, heimelig das Grab im Garten von Effis Eltern, mit dem schlichten Stein, auf dem der Mädchenname wieder geschrieben ist, »Effi Briest«. Rollo, der treue Hund, legt sich darauf nieder.

Effis Freundinnen treten »aus der kleinen, in der Kirchhofsmauer angebrachten Eisentür in den Garten« – Kirchhöfe als zum Leben gehörend erscheinen immer wieder in Fontanes Erzählung, am eindrucksvollsten in der Beschreibung der Schlacht auf dem Kirchhof von Kissingen am 16. Juli 1866, Preußen gegen Bayern. »Der Kissinger Kirchhof liegt hoch; wie ein Kastell springt er in die Straße vor, sodass, wer von der Stadt aus an ihm vorüber will, erst von der schmalen Front, dann von der langen Flanke aus unter Feuer genommen werden kann. Die Länge des Kirchhofs ist 200 Schritt, seine Breite 30; eine Mauer aus roten Quadern fasst ihn ein. Das Mauerwerk, infolge unebenen Terrains, wechselt zwischen 4 und 8 Fuß Höhe; etwa ebenso hoch ist der Erdwall, auf dem die Mauer sich erhebt. Zwei Gebäude erheben sich auf dem Kirchhof: das Messnerhaus und die Ma-

rien-Kapelle. Letztere, ein geräumiger, mit Bildnissen und ver-
goldeten Rokoko-Heiligen reich ausgeschmückter Bau, liegt
etwas zurück; das Messnerhaus aber, hart an der Ecke von Front
und Flanke, beherrscht das ganze Terrain, namentlich die breite,
von der Stadt her zum Kirchhof hinaufführende Straße.«
Diesen fest umfriedeten Ort besetzte ein bayerischer Hauptmann
mit dreihundert Mann. Sie mussten die steilen Stufen hinauf,
unten an der breit wachsenden Linde mit dem Marienbildnis
vorbei. Die Männer machten sich Barrikaden und Gewehrstüt-
zen, lösten Steine aus der Kirchhofsmauer, um Schießscharten zu
gewinnen, und als die Gegner erschienen, gab es eine wilde
Schlacht zwischen den Grabsteinen, die durch Kugeln zerstört
oder umgestoßen wurden. Am Ende ein Grauen: »In dichten
Schwärmen brachen unsere 53er über die Chaussee vor, den
Abhang hinauf und durch einen Seitentorweg hindurch, den man
von innen her mit Hilfe alter Grabsteine verrammelt hatte. Die
Grabsteine stürzten um und über zahlreiche Kindergräber hin,
die hier an kleinen Kreuzen die immer wiederkehrende Inschrift
tragen: ›Hier ruht das schuldlose Kind‹ (und dann der Name)
drangen die vom Kampf erhitzten Westfalen in den Kirchhof
ein.«
Noch nicht achtzig Jahre später wurde Theodor Fontanes Grab
auf dem neuen Französischen Friedhof in der Liesenstraße in
einem anderen, noch grausameren Krieg zerstört. Wie über anderen Gräbern, deren Grabmale dem Krieg oder dem Berliner
Mauerbau zum Opfer fielen, stellte man einfache Natursteine
auf, die mit den Namen und manchmal auch den Lebensdaten
die Erinnerung wach halten. Hier ruhen Theodor Fontane und
seine Frau Emilie, die vier Jahre nach ihm starb.

VIII *Jüdische Friedhöfe*

»…Denn das Schöne ist nichts
als des Schrecklichen Anfang, den wir gerade noch ertragen,
und wir bewundern es so, weil es gelassen verschmäht,
uns zu zerstören. Ein jeder Engel ist schrecklich.«
Rainer Maria Rilke

Vor den Toren der Ewigkeit gibt es keine Unterschiede. Im Tod
sind alle gleich. Der Friedhof ist der »gute Ort«, wo alle irdische
Trübsal endet. Er ist aber auch ein Ort der Trauer. »Bet Kwarot«,
Haus der Gräber, und »Bet Olam«, Haus der Ewigkeit, diese
Namen entsprechen wohl eher den wirklichen Empfindungen
derjenigen, die vor den Gräbern stehen. Doch die jüdische
Tradition ist von dem großen Talmudtraktat bestimmt, der von
Tod und Trauer als »Freude« spricht, »Smachot«. Und solche
Freude ist, wie die jüdische Dichterin Nelly Sachs schrieb, das
»Warten« der Liebe: »die Liebe ist eine Sandpflanze / die im
Feuer dient / und nicht verzehrt wird −// Abgewandt wartet sie
auf dich −«
Das Herz hat Vernunftgründe, die die Vernunft nicht versteht.
Diese Weisheit des Blaise Pascal kommt der alten talmudischen
nahe. Nicht der Verstand ist zuständig für die Haltung gegenüber
dem, was mit »Schicksal« auch nur metaphorisch umschrieben ist.
Das Warten, die Geduld gegenüber dem Leid, die Zuversicht und
das Vertrauen in die Gerechtigkeit Gottes, der sein Volk nicht
verderben lässt, kommt aus anderen Tiefen. Unendliche Geschichte hängt daran und unendliche Sehnsucht nach Erhellung
des Rätsels. »Ich hab darüber nachgedacht / Schon manche tau-

send Jahre«, sagt Heinrich Heine, nach wirrem Traum zu sich zurückgekehrt.

Die biblischen Landschaften, in denen die Israeliten lebten, erforderten umfriedete Grabstätten, damit Feinde und wilde Tiere die Ruhe der Verstorbenen nicht störten, und des heißen Klimas wegen mussten die Toten sogleich, noch am selben Tag, bestattet werden. Manchmal geschah es, dass ein Scheintoter sich selbst wieder aus der Erde befreite. Die Angst, lebendig begraben zu werden, hat auch Bertolt Brecht bewogen, zu verlangen, dass ein Arzt seine Pulsadern öffnet, ehe der schwere Sarg geschlossen wird.

Ein unverzierter Brettersarg und für alle das gleiche Totenkleid entsprechen der jüdischen Vorstellung von Gerechtigkeit. Die Grabsteine sollen weder Reichtum noch gesellschaftlichen Rang noch Armut ausdrücken, sondern durch die Schrift Gedächtnis schaffen.

Die »Glückseligkeit und das Gesetz«

In der jüdischen Religion, die oft als »Gesetzesreligion« bezeichnet wird, kommt alles auf die Lebensführung der Menschen an, die als höchste Schöpfung Gottes gelten. Und dieser Gott hat den Menschen die Fähigkeit mitgegeben, zu erkennen, was gut und was böse ist und dass er für sein Leben verantwortlich ist. Die Glückseligkeit in der »kommenden« Welt, die ebenso wie im Christentum »ewig« gedacht wird, hängt vom Handeln in der gegenwärtigen ab, wobei es, wie Heinrich Simon anschaulich in seinem Kommentar zur Dokumentation jüdischer Grabstätten und Friedhöfe in Berlin schreibt, »nicht die Absicht des göttlichen Schöpfers gewesen sein kann, den einzelnen Menschen spurlos verschwinden zu lassen. Die Vorstellungen des Judentums, was nach dem Tode mit dem Menschen sein wird, stehen allerdings gegenüber den Pflichten des Menschen auf Erden deutlich im Hintergrund und besitzen im allgemeinen keine bindende Geltung«.

176

Die Frage, warum Gott das Leiden, die Ungerechtigkeit in der Welt zulässt, wo er doch der gerechte Vater ist, wird mit Hinweis auf Hiob und seine Sicherheit im Glauben beantwortet: Hiob verstand Leiden und das Böse als »Versuchung«, als Probe auf seine Festigkeit. Hiob überstand alle Nöte durch Ergebenheit in sein Schicksal, das es gut mit ihm meint.

Das Leben nach dem Tod wird ein Leben in einem Reich des Friedens sein. Und im »Hause des Gottes Jakobs«, auf dem »Berg des Ewigen« wird das Gericht sein, und die Toten werden auferstehen zu paradiesischen Freuden. Glück soll den Menschen beschieden sein. Wo und wie das geschehen könnte, ob die Einheit von Körper und Seele in der Auferstehung wiederhergestellt wird, das gehört zum »Geheimnis des Glaubens«, wie der Historiker Hans Kohn seinen Freund Martin Buber in diesem Zusammenhang zu zitieren pflegte.

Der Körper ruht in der Erde, während die Seele auf dem Weg zu Gott ist. Der Körper darf nicht durch Verbrennen zerstört und das Grab, das ihn bewahrt, darf nicht aufgelassen werden. Das Buch Jesaja prophezeit einen »neuen Himmel und eine neue Erde«.

Das alte Gebot, der Mensch dürfe sich keine Bilder von Gott machen, wirkt nach. Auf den Grabsteinen sind daher selten Bilder von Verstorbenen zu sehen. Der Tote *ist* in einer anderen Welt, wo immer sie sein mag. Das Bild wird für die Welt der Irdischen gemacht, damit sie sich erinnern. »Sucht mich nicht hier. Sucht mich in euren Herzen«, steht auf manchem Stein geschrieben, Treue fordernd und das Bild zurückweisend. Das bedeutet: Leben mit den Toten. Auf die Erfüllung der Lebensaufgaben kommt es an. Tod, Trauer und Leiden gehören dazu.

Jüdischer Friedhof Weißensee

Während auf älteren jüdischen Friedhöfen in Mitteleuropa – in Prag, Wien, Frankfurt, Amsterdam – die Grabsteine wie in belebtem Miteinander mal gerade, mal geneigt, quer oder auch parallel im wuchernden Gras unter Bäumen stehen, in mythischer

Bindung aneinander und zum Himmel, herrscht in der grandiosen Friedhofsanlage Weißensee von 1880 ein strenges Ordnungskonzept. Zunächst möchte man meinen: Alle Gräber sind nach Osten gerichtet. Aber das erweist sich als Täuschung. Die Anlage ist zentriert, von Gehwegen durchzogen und in Felder aufgeteilt. Die Grabmale sind zum Teil sehr eigenwillig, kunstvoll und auch streng. Sie erzählen mehr über die Trauernden als über die Toten. Die Sorge um »ein Gedächtnis«, die sich Kaiser Augustus und seine Epigonen bis zu den bürgerlichen Nachahmern machten, zeigt sich auch hier. Ein frommes Gedächtnis in der Regel.

Der beeindruckende Friedhof Weißensee umfasst zweiundvierzig Hektar Land und ist die bisher größte jüdische Grabstätte in Europa. Sie war, nachdem auch der Friedhof an der Schönhauser Allee belegt war, von vornherein in dieser Größe konzipiert und von Hugo Licht, dem in der Konstruktion öffentlicher Gebäude wie Rathäuser, Kliniken, Markthallen, Schulen und dem Entwurf von Friedhöfen erfahrenen Berliner Architekten, als Ganzes für über einhundertfünfzehntausend Grabstellen geplant. Imposant der Eingang an der Herbert-Baum-Straße in renaissancehafter Symmetrie mit den beiden wuchtigen Torbögen in gelblichem Mauerwerk unter schweren Archivolten, die, einem überdachten Sarg ähnlich, anzeigen, was den Besucher hinter dem Tor erwartet. Die aufeinander bezogenen Bauten umfassen einen Ehrenhof zum Gedenken an die zwischen 1933 und 1945 ermordeten Juden. Die Namen der Konzentrationslager sind auf Steinplatten geschrieben und lassen sogleich an die ungeheuerlichen Verbrechen des Nationalsozialismus denken und an die Leiden der Opfer.

Zwischen den Arkaden, in der Mitte des Gebäudeensembles, erhebt sich die Trauerhalle. Sie ist geräumig, würdig, synagogenhaft mit dem quadratischen Grundriss und den sich rechteckig anschmiegenden Seitenteilen und der achteckigen Dachkuppel mit der Laterne.

Kerzengerade verlaufen die Wege. Der zu Bismarcks Zeiten angelegte Friedhof wird deshalb oft »preußisch« genannt. Der Ein-

druck verliert sich aber angesichts der unterschiedlichen Grab-
anlagen und Denkmäler.

Überraschend die vielen bekannten Namen auf den Grabsteinen,
die zur Geschichte der Stadt, zu ihrem Anblick, zur lebendigen
Gegenwart gehören: Berthold Kempinski, Gründer eines Wein-
hauses und Restaurants, aus dem später das berühmte »Kempinski« hervorging. Hermann Tietz, dessen Kaufhaus von den
Nazis als »Hertie« arisiert wurde. Rudolf Mosse, der große Zei-
tungsverleger, der 1872 das »Berliner Tagblatt« gründete; der Jour-
nalist Theodor Wolff, 1943 von der Gestapo verhaftet; Leopold
Ullstein, der Verleger, dessen Gründung heute wieder und noch
besteht; Samuel Fischer, der als Buchhändler 1879 nach Berlin
kam und 1886 den jedermann bekannten S. Fischer Verlag gründete, in dem die wichtigsten literarischen Werke der Jahrhun-
dertwende und der ersten Jahrzehnte des 20. Jahrhunderts erschienen. Zu seinen Autoren zählten: Leo Tolstoi, Henrik Ibsen,
Gerhart Hauptmann, Thomas Mann, Hermann Hesse, Hugo
von Hofmannsthal, Jakob Wassermann, George Bernhard Shaw,
Walther Rathenau.

Lina Morgenstern, als »Suppenlina« bekannt, ist den älteren Berlinern unvergessen, obwohl sie schon 1909 starb. Sie organisierte
Vereine für Volksküche, Mädchenschulen, Kochschulen, Kran-
kenpflege, schrieb über die Frauenarbeit in Deutschland, über
gesunde Ernährung und Kinderschutz. Die Kinder und Freunde
der Lina Morgenstern und ihres Mannes Theodor Morgenstern
haben ihnen ein Grabmal aus schwarzem Marmor gewidmet.

Ehrenplätze

Alte Grabsteine sind hier versammelt, eine Reihe rechteckiger
Tafeln, die ehemals auf dem nicht mehr vorhandenen Friedhof
von Köpenick standen. Ein besonderer Platz ist für Urnenbe-
gräbnisse vorgesehen, die erst in neuerer Zeit überhaupt vorkommen, nachdem Urnen mit Überresten von in Konzentrationslagern Ermordeten von den Angehörigen gebracht wurden,

denen sie mit der Post per Nachnahme zugeschickt worden waren – nach 1943 erfolgte nicht einmal das.

Der Ehrenhain hat einen besonderen Eingang in der Mauer. Für die Gefallenen der Kriege sieht man kleine, weiße, aufrecht stehende rechteckige Steine sich gleichförmig aneinander reihen und ein einfaches Mahnmal, anrührend der Anblick der langen Zeile. Die Tafeln sind nicht größer als die der Kindergräber, die an anderer Stelle zahlreich genauso Seite an Seite stehen, aus dunklerem Stein gehauen. Manche der Soldaten waren noch halbe Kinder, als sie zu Tode kamen.

An der Mauer sind nebeneinander die Tafeln zum Gedenken an die in den Konzentrationslagern Verstorbenen. Es sind, verglichen mit der Zahl der Ermordeten, wenige, deren Leichen nach Berlin zurückkamen. Die Grabmale stellen in ihrer Anordnung als Gruppe das unverwechselbare Schicksal der Opfer der NS-Verbrechen dar, in Frieden jetzt und mauergeschützt, der Sonne zugewandt. Es ist eine nach allen Seiten hin offene Grabstelle für diese Gemeinschaft, die Texte gut lesbar, die Symbole zu erkennen und durch nichts verdeckt.

Grabmale

Kunstvolle Architektur und Reichtum an Verzierungen und in Stein gehauenen Symbolen zeichnen viele Grabstätten aus. Einige wenige haben ein Bildnis des Verstorbenen an zentraler Stelle, trotz des Verbots. Auch Blumenschmuck findet sich, der ebenfalls den jüdischen Vorschriften zuwider ist, am üppigsten auf dem Grab der russischen Soldaten, die als Kriegsgefangene nach 1918 in Berlin starben, und auf dem des jungen Menschen aus der Sowjetunion, der in den Maitagen des Jahres 1945 umkam, als Berlin befreit wurde.

Die Wandgräber zeichnen sich durch erstaunlichen Formenreichtum aus. Eklektizismus aus ägyptischer, griechischer, römischer, romanischer und gotischer Kunst kann beobachtet werden. Unübersehbar sind auch die Einflüsse der Renaissance und des

Barock und Fantasieformen aller Art. Der strenge Klassizismus, wie er auf dem Dorotheenstädtischen Friedhof zu finden war, ist hier selten vertreten, wohl aber moderne Linien. Das Grabmal für Albert Mendel zum Beispiel ist von Walter Gropius entworfen, dem Architekten großer Bauten in Berlin. Seine Handschrift ist unverkennbar: asymmetrische, glatte Wand, die eine Halbdecke trägt. Klar und eindeutig beherrscht der Sarkophag darunter den Platz, der wie ein offener Raum einlädt. Ein ästhetisch bedeutendes Monument, der große Entwurf von Gropius für die kleine Ausführung.

Ganz im alten Stil gehalten ist die Grabplatte, unter der Elieser Lewin ruht. Hoch aufgerichtet das Rechteck, von oben bis unten mit hebräischer Schrift bedeckt. Nichts scheint unklar, ein biblischer Text, an dem Trost und Hoffnung hängen.

Nahebei die Grabstätte für Leo Levy, ein defensives Kuriosum aus Pfeilern, wie eine Bastion, doch mit Rosen gedeckt. Der Entwurf stammt von dem bekannten Berliner Bildhauer Gustav Eberlein, der 1926 starb und für monumentale Denkmäler bekannt war, die er dem Freiherrn vom Stein, Richard Wagner und anderen Größen setzte.

Aus rotem Granit ist Mosses Grabstätte gemacht, ein nachgebildeter griechischer Tempel im Kleinformat, dorische Pfeiler und Säulen wechseln einander ab, ursprünglicher Zierrat aus Bronze ist nicht mehr vorhanden. Das Mausoleum wirkt farblich etwas sonderbar, in der Formgebung aber sehr ausgewogen.

Eigenartig fremd erscheint das Mausoleum für die Familie Aschrott, ein fester Bau mit Turmpyramide, auf der ein Davidstern sitzt, in der Mitte hohl, um Platz für ein Dachfenster zu lassen. Auch hier wurde polierter roter Granit verwendet, der die Schwere des hermetisch wirkenden Mauerwerks etwas aufhebt. Innen erstrahlt die Kuppel in Gold über zwei Sarkophagen. Siegmund Aschrott war Königlich Preußischer Geheimer Kommerzienrat. Sein kolossales Grabmal war für die Ewigkeit gedacht, geschaffen von dem Mann, der das Völkerschlachtdenkmal bei

Leipzig entworfen hat und die Kaiserdenkmale am Deutschen Eck bei Koblenz, auf dem Kyffhäuser und an der Porta Westfalica: Bruno Schmitz, der damals etwa Mittdreißiger, arbeitete in einer Zeit, als das Martialische, Kolossale und Überhöhte in Mode war. Der Gesamteindruck trügt hier nicht: ein Meisterwerk für den, der diesen Stil liebt.

Ein Jugendstilwerk dagegen hat sich Henriette Kalischer erbauen lassen. Geschwungen der obere Rand mit aufgesetzter Rosette, Unterteilung der Umrandung durch Streben und Ranken. In der Mitte in Großbuchstaben der Spruch Salomos: »Stark wie der Tod ist die Liebe, unwiderstehlich wie das Grab ist ihre Gewalt.« Jugendstilmotive scheinen beliebt gewesen zu sein. Viele tempelartige Grabstätten sind zu sehen, manche anderen wie offene romanische Krypten oder gotische Säulenhallen. Fast alle haben ein oder mehrere jüdische Symbole, den Davidstern, einen Schmetterling oder, Attribut eines Gelehrten oder Rabbiners, die Thorarolle oder den Thoraschrein.

Symbole

In allen Religionen stehen Symbole für etwas, das die Sprache nicht oder nur unvollständig ausdrücken kann. Sie sind oft schwer zu deuten. Empfindungen, Vorstellungen, Ewigkeit, Hölle, Teufel, Liebe, Treue, Stärke, Schmerz werden durch Zeichen mitgeteilt. Von den unendlich vielen Symbolen der jüdischen Kultur erscheinen einige immer wieder auf Grabmalen und in Texten. Alfred Etzold nennt auch Grabmale, die im Ganzen ein Symbol darstellen. In seinem zusammen mit Hermann Simon geschriebenen Buch über Jüdische Friedhöfe stellt er eine Liste von Symbolen zusammen, die, vermehrt um klassizistische und griechisch-römische Elemente, auf Grabmälern vorkommen.

Die wichtigsten sind: segnende Hände. Sie weisen auf den Nachfahren des Aron, einen Priester also. Das Stundenglas symbolisiert die verrinnende Zeit; die Leier am Grab bedeutet Wehklage nach Psalm 137, wo es heißt: »An den Strömen Babylons/da saßen wir und weinten / wenn wir an Zion dachten. / Wir hängten unsere Harfen an die Weiden in jenem Land ...« – Klagen derer, die in der Fremde leben müssen, bedrängt, gefährdet und ohne Lieder auf den Lippen.

Die Schlange, die Moses und seinem Volk gut war, ist das Symbol für Ewigkeit, meistens dargestellt, wie sie sich in den Schwanz beißt und ohne Anfang und ohne Ende daliegt. Die Himmelsleiter gehört zu Jakob, der im Traum Engel darauf gehen sah, auf und ab. Ein Schmetterling ist auf vielen Grabmalen zu finden, er bedeutet Unsterblichkeit der Seele. Seine Befreiung aus der Puppe wird mit der Befreiung der Seele aus dem Körper verglichen. Der Löwe, Zeichen der Stärke, repräsentiert auf Grabsteinen den Tod, der das Leben besiegt. Verschränkte Hände bedeuten Zusammengehörigkeit. Der siebenarmige Leuchter, der unzählige Male auf jüdischen Friedhöfen erscheint, ist das Symbol für den Tempel von Jerusalem, *Menora* genannt, und die Ölleuchte deutet auf Salomos Spruch hin: »Ein Licht Gottes ist des Menschen Seele.« Auf den Gräbern der Rabbiner weist die geöffnete Thorarolle auf die Würde als Gelehrter. Der Thoraschrein auf dem Grab bedeutet, dass hier ein Rabbiner ruht.

Der Davidstern ist eines der ältesten religiösen Symbole. Im alten Ägypten wie auch in Indien nachgewiesen, ist er seit dem 7. Jahrhundert vor der Zeitenwende bekannt. Er besteht aus zwei gleich großen, sternförmig ineinander gelegten Dreiecken, oft in der Mitte verziert, meistens jedoch schlicht belassen. An Grabmalen in Mitteleuropa war er seit dem 16. Jahrhundert das häufigste Zeichen neben dem Schmetterling. Lorbeer und Palmen zieren auch christliche Grabmale, Unvergänglichkeit anzeigend, immer währendes Dasein. Die verloschene, umgekehrte Fackel aber bedeutet Tod, unwiederbringlichen Abschied, während die Mohnkapsel als Symbol des Schlafes dem Tod noch ein menschliches Antlitz gönnt: Der nach dem Genuss der Mohnmilch Schlafende träumt, er sei nicht tot, es komme die Zeit der Erweckung, eine der großen Hoffnungen der Menschheit.

Mit einer Fülle von Symbolen ist die Grabstätte der Familie Schwarz ausgestattet. Ein aufrecht stehendes Monument, von drei Rundbögen gekrönt, die von einem kräftigen Architrav gestützt werden, unter dem drei Tafelfelder zwischen Pilastern Mitteilung an die Nachwelt geben. Unten ein relativ schmaler Fond, efeu-umwachsen. An den Rundbögen dieses aus hellem Sandstein gearbeiteten Grabmals erkennt man Reliefs: ein kleiner Vogel, der seine Jungen füttert, erzählt, dass das Leben weitergeht; die Geset-zestafeln, über denen eine Krone erkennbar ist, zwischen zwei Löwen, den mächtigsten Tieren, die hier wahrscheinlich Macht und Autorität verkörpern. Daneben Rebenranken mit reifen Trauben, ein Zeichen der Fruchtbarkeit. Auf dem Architrav ist die Sanduhr zu sehen, die an die verrinnende Zeit erinnert, und eine kleine Ölleuchte für das »Licht Gottes«.
Der Erbauer des Grabmals hat sich mit diesem eindrucksvollen Werk selbst ein Denkmal gesetzt. Er ist 1943 in Theresienstadt ermordet worden.

Jüdischer Friedhof Schönhauser Allee

»Führe ich gen Himmel, / so bist du da; / bettete ich mich bei den Toten, / siehe, so bist du auch da.« Die unerschütterliche Zuver-sicht in Psalm 139,8 hat auf diesem Friedhof Wohnung. Ahorn, Rosskastanien, Linden recken ihre Äste den Wolken entgegen. Dichtes Blattgewebe beschattet den grünen Boden aus Gras und wild rankendem Efeu. Ein Sommergrün, hell, matt und dunkel, wie sonst nirgends in der baumreichen Stadt. Im Herbst das reinste Gold, Purpur, Safran und Zimt gemischt über dem immergrünen Boden. Was für ein Ort!
Begrenzt von einer gelben Ziegelmauer zur Straße hin, an den Seiten nur durch Zäune von den Hinterhöfen und Gärtchen der anliegenden Mietshäuser getrennt, ist das Gelände dennoch ein abgeschiedener Platz unter den alten Bäumen und viel Strauch-werk. Die Grabsteine aus alter und neuerer Zeit, doch nicht jünger als 1880, da seither keine Begräbnisse mehr stattfanden,

stehen in unregelmäßigen Abständen, die meisten etwas schief, doch wie festgewachsen in dem feuchten, grasüberwucherten Boden. Still steht die Zeit, und Heiterkeit schwebt zwischen den Sträuchern und Ästen.

Gestörter Frieden
Der Krieg hat manches Grabmal zerstört, andere wurden im Frühjahr 1945 weggetragen und als Panzersperren verwendet, die Trauerhalle stürzte nach Granateinschlägen zusammen, ebenso das Verwaltungsgebäude. Der Hain ist leerer geworden, und doch bleibt die große Schar der hier begrabenen Berliner im Gedächtnis. Zweiundzwanzigtausendachthundert Einzelgräber und siebenhundertfünfzig »Erbanlagen« als Familiengräber gab es gegen Ende des 19. Jahrhunderts.

Jetzt läuft man auf verwachsenen Pfaden an den Gräbern entlang, solchen aus der Nach-Barockzeit und dem Klassizismus, repräsentativ und selbstbewusst, mit rührenden Sprüchen in deutscher Sprache die Trauer über den Verlust des Kindes oder des geliebten Partners auf den Tafeln.

Und doch ist da etwas Erhebendes in diesem Garten, wie wenn alle diese Gräber leer und die, die dort ruhten, in der Wohnung des Vaters versammelt wären und nur die Steine und die lockeren Stellen im Gras noch da sind, uns ihre Geschichten zu erzählen.

Die meist großen Wandgräber an der Mauer sind für mehrere Personen gedacht und meist aufwändig gearbeitet. Eines der ältesten ist für die Familie des Mono Burg errichtet worden, ein Offizier in der preußischen Armee, der 1853 vierundsechzigjährig starb, nachdem er es bis zum Stabsoffizier gebracht hatte. Stelen aus schwarzem Marmor und Sandstein stehen quer zur Wand, weil die Ost-West-Ausrichtung des Grabes beibehalten werden sollte. Ein antikisches Tor zur Wand, ohne Eingang, scheint die Toten beieinander zu halten, auf sich selbst gestellt und zusammen. Eine eigenartig vernünftige Lösung des Rätsels, das sich auf allen Friedhöfen stellt: Was wird sein und wie? Und was mit uns?

Im selben Jahr wie der preußische Offizier Burg, 1853, starb Joachim Liebermann, fünfundsiebzig Jahre alt. Seine Familie gehörte offenbar zum gebildeten jüdischen Bürgertum. Der Architekt des Gehäuses aus Gusseisen war eine Zeit lang in der Werkstatt von Karl Friedrich Schinkel tätig. Sein klassizistischer Stil war auch von den ägyptischen Formen geprägt, die um die Mitte des 19. Jahrhunderts durch archäologische Funde, nach Europa gebrachte Obelisken und Ausstellungsstücke in den großen Museen Furore machten. Der Davidstern ist fast verdeckt durch die üppige Ornamentik des Orients in der Rundung und im Treppengiebel des Daches mit den aufgesetzten Spitzen.

Max Liebermann, der Maler des Impressionismus, der in Berlin wegen der Direktheit seiner Kunst und seiner Aussagen viel geschmäht und hoch geachtet war, liegt in einem Erbgrab der Familie. Er gründete 1898 die Berliner Sezession. Studien in Paris und Holland, Reisen in Europa öffneten ihm Perspektiven für seine modernen Graphiken, vor allem: Strandbilder von Scheveningen, Hamburger Skizzen. Berühmt wurde sein Gemälde *Die Netzflickerinnen*, dem andere große Bilder folgten, auch Porträts. Von 1920 bis 1932 war er Präsident der Akademie der Künste in Berlin, die 1933 von den Nationalsozialisten »gleichgeschaltet« wurde. Er erklärte daraufhin seinen Austritt aus der Akademie, seine Bilder wurden aus den Museen verbannt. »Man kann nicht so viel fressen, wie man kotzen möchte«, soll er gesagt haben. Zwei Jahre später starb er, siebenundachtzig Jahre alt. Auf seiner Grabplatte steht geschrieben: »Ich lasse Dich nicht: Du segnest mich denn«.

Gestalten der preußischen und Berliner Kulturgeschichte
Gerson von Bleichröder liegt hier, ohne den Otto von Bismarck ein schwacher Kanzler gewesen wäre. Von seinem Vater Samuel Bleichröder hatte der junge Gerson ein gut situiertes Bankhaus

übernommen, das er erfolgreich mit dem preußischen Finanzwesen verknüpfte. Er wurde Berater der Regierung, finanzierte den 1870er Krieg und wurde 1872 als erster Jude in Deutschland geadelt.

Das Grab des Gerson von Bleichröder, der 1893 mit einundsiebzig Jahren starb, hat eine für einen Bankier bezeichnende Geschichte. Er selbst gab es in Auftrag. Der mit der Familie befreundete Bildhauer Reinhold Begas, der damals an die sechzig Jahre alt war, legte ihm einen üppigen, barocken Entwurf vor, ein Mausoleum. Neobarock war die Handschrift dieses Künstlers, das wird Bleichröder gewusst haben. Als er aber den Kostenvoranschlag von fünfundsiebzigtausend Mark sah, schreckte er zurück und vergab kurz entschlossen den Auftrag neu, und zwar an den siebzehn Jahre jüngeren Bruder des Reinhold Begas, Carl, der ein klassizistisches Grabmal auf quadratischem Sockel errichtete. Auffallend daran sind die streng mit Halbpilastern begrenzten Tafelwände mit den Namen und hebräischen Schriftzeichen. Oben, über den Bögen, erhebt sich eine große Amphore.

Gerson von Bleichröder wird als ein kluger, klar denkender, auf gute Formen bedachter Mann beschrieben. Das lang gestreckte Bankhaus in der Behrenstraße 62–63 ist von einfacher Eleganz, über zwei Hausflächen hingestreckt, zwei Stockwerke hoch in klassizistischer Unterteilung der Fläche mit pilasterumrahmten Bogenfenstern in der Beletage.

Ein anderer Bankier ist aus der Berliner Gesellschaft an der Wende vom 19. zum 20. Jahrhundert nicht wegzudenken und auch nicht aus der preußischen Kulturgeschichte. Der quadratische Grabstein aus schwarzem Marmor ist weiß beschriftet: »James Simon, geb. 17. Sept. 1851, gest. 23. Mai 1932«. Als einziger Zierrat ein schmaler Reliefbogen über dem Namen.

Er war in Berlin geboren und starb auch dort. »Kaufmann, Bankier, Kunstsammler und Mäzen«, heißt es, und man weiß vielleicht noch, dass er die großen archäologischen Ausgrabungen in Ägypten, Mesopotamien und Palästina finanzierte und selbst ausgedehnte Reisen dorthin unternahm. Er war Mitbegründer des »Deutschen Orientkomitees« und der »Deutschen Orientgesellschaft«, die dem Kaiser sehr am Herzen lag, denn das große Interesse am Orient und seinen Kulturen hatte auch politische Dimensionen.

James Henry Simon, wie er mit vollständigem Namen hieß, war kein politischer Kopf, sondern ein feinsinniger Kunstfreund. Befreundet mit Forschern auch anderer Richtungen, beschäftigte ihn alles, was über das Leben der Völker Auskunft gab. Mit dem Arzt Rudolf Virchow erkundete er die Kulturgeschichte deutscher Landschaften. Aus Italien brachte er Kunstwerke verschiedener Epochen mit, vor allem solche der Renaissance. Seine Sammlungen waren einzigartig. Schon zu Lebzeiten schenkte er seine Schätze Berliner Museen, weil er sie zugänglich machen wollte, um Bildung bemüht. Vierhundertfünfundvierzig Renaissancewerke waren darunter, dreihunderteinundfünfzig deutsche Plastiken aus der Zeit vom Mittelalter bis zur Moderne, Grabungsfunde von seinen Orientexpeditionen, die Amarna, Figuren und Gefäße der sumerischen und babylonischen Kunst. Das größte Geschenk aber, das im Ägyptischen Museum zu bewundern ist, bleibt der Kopf der Nofretete. Der Name bedeutet »die Schöne kommt«.

Die Büste der Nofretete ist eines der bekanntesten Bildwerke überhaupt. Wenig weiß man von Amenophis IV., dessen Gemahlin sie war. Bei den Ausgrabungen von 1911, als es gelang, die Tempelstadt des Amenophis, Tell el-Amarna, freizulegen, fand sich auch die Werkstatt, in der die Büste lag.

James Henry Simon starb ein Jahr, bevor die barbarische Kulturzerstörung der Nationalsozialisten begann. Auf »höheren Befehl« wurde sein Name als derjenige, der die Kostbarkeiten den Museen geschenkt hatte, von allen Exponaten und Listen getilgt. Erst in letzter Zeit erwacht das kulturelle Gedächtnis wieder, das Zusammenhänge herstellt und auch diesen Mäzen in Erinnerung ruft, der sich ja nicht nur für die Kunst eingesetzt hat, sondern auch mit zahlreichen Initiativen viel für Kinder, für die Volksgesundheit, für Spitäler und Waisenhäuser und für die Pflege des Rechts und der Gerechtigkeit getan hat.

Die Kraft der Steine

Das Totschweigen, die Auslöschung des Namens war der Anfang der Vernichtung jüdischen Lebens in der Zeit des Nationalsozialismus. Das Gefühl »absoluter Verlassenheit«, von dem Hannah Arendt in ihren Totalitarismusstudien spricht, die Ohnmacht, die die Menschen anfällt angesichts der totalen Gewalt des Regimes, hat auch der Psychologe Bruno Bettelheim beschrieben, der die Konzentrationslager Buchenwald und Dachau überlebte. »Das extremste Leiden«, schrieb er später, »ist das Gefühl, vollständig verlassen zu sein.« Kein Trost kann dieses Gefühl vertreiben. Bettelheim machte sich dann die Sorge um verlassene Kinder zur Aufgabe, um wenigstens einigen Menschen solche Verzweiflung zu ersparen.

Die Steine auf den jüdischen Friedhöfen sprechen durch die Formen und die Art, wie sie zueinander angeordnet sind, eindringlicher von den Schicksalen derer, an die sie erinnern, als traditionelle oder ausgefallene Grabmale woanders. Eine eigenartige Solidarität geht davon aus, Verschwisterung oder, wie es im Arabischen bei Ibn Chaldun im 14. Jahrhundert heißt, *asabija,* Gegenseitigkeit. Später wird Karl Philipp Moritz in seiner großen Biographie des jüdischen Aufklärers Salomon Maimon die »Würde der menschlichen Natur« als Idealzustand charakterlicher und geistiger Entwicklung beschreiben. Eine Würde, die den dargestellten Maimon in hohem Maße auszeichnete, der aus einem polnischen Dorf nach Berlin gekommen war, weil dort Moses Mendelssohn lebte, der bewunderte Lehrer jüdischer Weisheit.

Er hat sich gewiss nicht getäuscht. Der Impuls, der seit Ende des 18. Jahrhunderts von der Aufklärung und der Emanzipation der Juden im geistigen Leben Deutschlands ausging, bescherte Wissenschaften und Künsten ungeahnte Entwicklungen, lebendige Anregungen und eine neue Internationalität.

1933 war das alles abrupt zu Ende. Noch heute kümmern die deutschen Universitäten und Bildungseinrichtungen an diesem Verlust und seinen Folgen. Dass dabei unendlich viele Menschen aufgrund einiger Federstriche umgebracht wurden, das ist auf diesen Friedhofsgängen die traurigste Erinnerung. Paul Celan hat in der *Todesfuge* das Ungeheuerliche benannt: »… wir schaufeln ein Grab in den / Lüften, da liegt man nicht eng …«

Es muss gelingen, diesem Tod – »ein Meister aus Deutschland« – dauernde Erinnerung entgegenzusetzen.

Nachwort: *»Die Zeit und die Zeit danach«*

Das Zitat von Ingeborg Bachmann meint vieles, die Zeit des Lebens und die unbekannte Zeit danach – Tod, Ewigkeit –, jedenfalls auch eine vage Utopie, das Andere, das Neue. Das große *Todesartenprojekt* der Dichterin beginnt früh, schon in *Große Landschaft bei Wien,* wo es heißt:

»Dem Orkan voraus fliegt die Sonne nach Westen, / zweitausend Jahre sind um, und uns wird nichts bleiben. / Es hebt der Wind Barockgirlanden auf, / es fällt von den Stiegen das Puttengesicht, / es stürzen Basteien in dämmernde Höfe, / von den Kommoden die Masken und Kränze ... / Nur auf dem Platz im Mittagslicht, mit der Kette / am Säulenfuß und dem vergänglichsten Augenblick / geneigt und der Schönheit verfallen, sag ich mich los / von der Zeit, ein Geist unter Geistern, die kommen ...«

Der Versuch, das Gegebene zu durchbrechen, sich loszusagen von der Zeit, konnte keine Zukunft haben. Es mussten andere Daseinsformen erkundet werden, irdische, menschliche, reale, wenn auch unter dem Zeichen der Verzweiflung.

Paul Celan, der Dichter, dessen *Todesfuge* das bitterste Zeugnis der Ohnmacht gegenüber Gewalt und Mord ist, glaubte an die Kraft des Schweigens. Er suchte das »Unsagbare«, das Ludwig Wittgenstein als real bezeichnete, existent und nicht benennbar, in Bildern und Empfindungen, die ihm helfen könnten, »Wirklichkeit zu erkunden«. Dagegen Bachmann. »Wie Orpheus spiel ich auf den Saiten des Lebens den Tod.«

Die Anstrengung, über die Trennung von Leben und Tod zu sprechen, zeigt sich in allen Versuchen, den größten Abschied, der zu nehmen ist, zu fassen. Die Sprache reicht nicht aus. Wittgensteins Satz: »Wovon man nicht sprechen kann, darüber muss man schweigen«, ist die radikalste Konsequenz aus der Hilflosigkeit gegenüber der Endgültigkeit des Lebensverlustes. Bei Hegel lesen wir noch: »Der Tod ist das Leben des Geistes.« Spätere Philosophen, von Husserl angefangen, nennen »das Phänomen Tod« die »Aufhebung des unmittelbaren Lebens«, setzen ihn aber ins Leben selbst, das Stück für Stück abstirbt. Alles Vergangene, das gelebte Leben, ist − nach dieser Philosophie − tot. Es kann nur in neuer »Bearbeitung« in die Gegenwart hineingenommen werden. So werden Verlust, Trauer, Schmerz übermächtig in einem Leben, das selber stirbt, »ehe es in neuer Gestalt zurückkehrt«.

Das ist wohl, was Hannah Arendt mit dem fordernden Satz meinte, nach der Erfahrung des »Ungeheuerlichen« von 1933 bis 1945 gehe es darum, eine Reihe von vorne zu beginnen. Schon bald jedoch attestierten die Seelenkenner Margarete und Alexander Mitscherlich den Deutschen die »Unfähigkeit zur Trauer«.

Vielleicht war eine solche Trauer unmöglich. Die älteren Grabstätten auf deutschen Friedhöfen haben, auf ganz alte und antike Weise, Bilder, Skulpturen, Symbole, Sichtbares wie Wasserschalen, Palmen aus Stein, Zeichen für das, was nicht sagbar ist und dem Betrachter mehr erzählt als unpassende Worte, und seien es auch nur stumme Mitteilungen über Hinterbliebene und deren Vorstellungen. Die »Zeit danach« ist für die Nachwelt die Zeit ohne den Verstorbenen. Was wir auf den Friedhöfen entdecken, sind Spuren des Gedächtnisses, das die Nachwelt ihrem Toten macht. Berlin ist reich an eindrucksvollen Friedhöfen und Gräbern, die ganze Welten an Vergangenheit wachrufen, während andere unserer Hilfe bedürfen, um der Vergessenheit entrissen zu werden.

Literatur

Während der Spurensuche auf Berliner Friedhöfen sind unter vielen die hier genannten Bücher höchst anregende Begleiter gewesen, kompetent, streng, widersprüchlich, universell oder auf der Beachtung von Einzelheiten bestehend, versöhnt (oder auch nicht) mit dem hypothetischen Charakter von Wahrnehmung und Assoziation.

Ariès, Philippe: Geschichte des Todes. Aus dem Französischen von Hans-Horst Henschen und Una Pfau, München 1980

Assmann, Aleida und Jan (Hrsg.): Kanon und Zensur. Archäologie der literarischen Kommunikation, München 1987

Assmann, Jan: Tod und Jenseits im Alten Ägypten, München 2001

Bohrer, Karl Heinz: Der Abschied. Theorie der Trauer: Baudelaire, Goethe, Nietzsche, Benjamin, Frankfurt a. M. 1996

Demps, Laurenz: Zwischen Mars und Minerva. Wegweiser Invalidenfriedhof, Berlin 1998

Die Lesbarkeit der Kunst. Zur Geistesgegenwart der Ikonologie (Kleine Kulturwissenschaftliche Bibliothek), Berlin 1992

Dreppenstedt, Hinnerk / Esche, Klaus (Hrsg.): Ganz Berlin. Spaziergänge durch die Hauptstadt, Berlin 2001

Etzold, Alfred / Türk, Wolfgang: Der Dorotheenstädtische Friedhof. Die Begräbnisstätten an der Berliner Chausseestraße, Berlin 1993

Gombrich, Ernst H.: Kunst und Illusion. Zur Psychologie der bildlichen Darstellung. Aus dem Englischen übertragen von Lisbeth Gombrich, Berlin 2000

Holmsten, Georg (Hrsg.): Berlin in alten und neuen Reisebeschreibungen, Düsseldorf 1989

Jüdische Grabstätten und Friedhöfe in Berlin. Eine Dokumentation. Hrsg. von Andreas Nachama und Hermann Simon. Mit Beiträgen von Alfred Etzold und Heinrich Simon (Stätten der Geschichte Berlins, Bd. 67), Berlin 1992

Knobloch, Heinz: Alte und neue Berliner Grabsteine, Berlin 2000

Koppenfels, Johanna von: Jüdische Friedhöfe in Berlin, Berlin 2000

Lange, Nicholas de (Hrsg.): Illustrierte Geschichte des Judentums. Aus dem Englischen von Christian Rochow, Frankfurt a. M. / New York 2000

Large, David Clay: Berlin. Biographie einer Stadt. Aus dem Englischen von Karl Heinz Siber, München 2002

Macho, Thomas H.: Todesmetaphern. Zur Logik der Grenzerfahrung, Frankfurt a. M. 1987

Pfaender, Thomas Nikolaus: Verabredungen mit der Vergänglichkeit. Streifzüge auf Berliner Grabstätten und Friedhöfen, Berlin 1996

Reinke, Wilhelm W.: Berliner Gräber. Fotoband, Berlin 2000

Schilling, Heinz: Höfe und Allianzen. Deutschland 1648-1763, Berlin 1988

Schoeps, Julius H. / Bildarchiv Preußischer Kulturbesitz (Hrsg.): Berlin. Geschichte einer Stadt, Berlin-Brandenburg 2001

Schubert, Kurt: Jüdische Geschichte, München 1995

Schulte, Christoph: Die Jüdische Aufklärung. Philosophie, Religion, Geschichte, München 2002

Stollowsky, Christoph: Geheime Orte. Ein ungewöhnlicher Wegweiser, Berlin 2000

Warnke, Martin (Hrsg.): Politische Architektur in Europa vom Mittelalter bis heute. Repräsentation und Gemeinschaft, Köln 1984

Abbildungen

Dank

an meine Berliner Freunde, die diese Arbeit mit Interesse beglei-
teten und manchen Hinweis gaben, vor allem an Dr. Karin von
Welck, die zuhörte und fragte und dem Thema manche Betrüb-
nis nahm.
Besonders dankbar bin ich dem Verleger Dr. Hans von Trotha für
seine Geduld, mit der er das Ende meiner Bewegungen zwischen
Leben und Tod auf den Friedhöfen abwartete. Meinem Lektor
Diethelm Kaiser, der weiß, was es bedeutet, »einen Satz haltbar zu
machen« (Ingeborg Bachmann), danke ich für sein interessiertes,
genaues Lesen des Textes und für herausfordernde Gespräche.